好想送给妈妈的亲子心理学

［韩］尹宇相 著

王世琛 金炫美 译

엄마 심리수업

朝華出版社
BLOSSOM PRESS

图书在版编目（ＣＩＰ）数据

好想送给妈妈的亲子心理学 ／（韩）尹宇相著 ；王
世琛，金炫美译. -- 北京 ：朝华出版社，2022.10
ISBN 978-7-5054-5047-9

Ⅰ. ①好… Ⅱ. ①尹… ②王… ③金… Ⅲ. ①家庭教
育－教育心理学 Ⅳ. ①G780

中国版本图书馆CIP数据核字 (2022) 第177367号

著作权合同登记 图字：01-2022-2865

好想送给妈妈的亲子心理学

作　　者　［韩］尹宇相
译　　者　王世琛　金炫美
选题策划　周乔蒙　柴　娜
责任编辑　刘　莎
特约编辑　王世琛
责任印制　陆竞赢　崔　航
出版发行　朝华出版社
社　　址　北京市西城区百万庄大街24号　　邮政编码　100037
订购电话　（010）68996061　68995512
传　　真　（010）88415258（发行部）
联系版权　zhbq@cipg.org.cn
网　　址　http://zhcb.cipg.org.cn
印　　刷　天津丰富彩艺印刷有限公司
经　　销　全国新华书店
开　　本　880mm×1230mm　1/32　　　字　　数　150千字
印　　张　7.5
版　　次　2022年10月第1版　2022年10月第1次印刷
装　　别　平
书　　号　ISBN 978-7-5054-5047-9
定　　价　58.00元

给孩子的爱，是"药"还是"毒"？

我成为精神科医生已有30年之久，在诊室里遇到过无数患者，也听过他们的各种人生故事。其中，不乏因教养子女而苦恼的妈妈们，她们总让我觉得惋惜。

前来咨询的妈妈们在倾诉完有关教养孩子的烦恼后，通常会问："难道不是我的错吗？"大部分妈妈觉得是因为自己做错了，孩子才会出现问题。但是，她们并不清楚自己到底做错了什么。她们既没有对孩子放任不管，也没有虐待过孩子，却仅凭自己的想法和判断，得出"都是我的错"这个结论。"可能是因为我没有亲手带大孩子""是不是没做好胎教？""我是不是不应该坚持上班？""是我的性格有问题吗？"……妈妈们自己找出的这些原因，真的是问题的根源吗？她们为了孩子的成长尽心尽力，为什么反而让孩子"病"了？

其实，一切都是因为妈妈的潜意识。从精神分析的角度观察妈妈的爱，会发现里面隐藏着妈妈的焦虑、欲望、愧疚以及自卑。

这些阴暗的潜意识被裹在名为"母爱"的包装纸里送给孩子，孩子就这样毫不知情地吞下"毒药"。

是妈妈的潜意识在教养孩子。这些看不见的潜意识操纵着妈妈的行为，对教养孩子有决定性影响。虽然很多妈妈并不了解自己的潜意识，但她们本能地知道自己的心理状态对孩子有很大的影响。然而，了解自己的内心并不容易，了解潜意识更难。

了解自己所有的心理状态是不可能的，也没必要。更何况，在了解自己潜意识的前提下教养孩子的父母几乎不存在。许多妈妈就算对心理学一窍不通，对潜意识没有任何概念，也能好好地将孩子养育成人。既然不了解潜意识也能将孩子养育成人，为什么要将妈妈的潜意识作为本书的主题？原因只有一个：妈妈必须看清自己给孩子的爱是"药"还是"毒"。

这本书能与读者见面，背后其实有一个故事。大约十年前，我在光州的一家咨询教育机构以深层心理为主题讲授精神分析理论，内容主要围绕弗洛伊德和荣格的理论展开。因为理论很复杂，不太好理解，课前我做了很多准备。课程结束后，许多学员认为课程对他们深入了解自己有很大的帮助。

通过这次经历，我认识到，原本只用于诊疗的精神分析理论其实也可以为普通大众带来很大的启发。之后，我开始思考：将精神分析理论这一看似抽象的学科概念大众化不是更好吗？于是，我策划了面向大众的精神分析课程，一共有八个课时，内容包括弗洛伊德和荣格的理论以及潜意识等精神分析领域的核心概念。就这样，我独自进行策划，并且以某一地区的居民为研究对象，讲授了三年精神分析课程。

学员中有不少妈妈。她们在听完课程后，告诉我课程内容对教养孩子有很大的帮助。听到这样的反馈，一个想法浮现在我的脑海中：我可以开设一些专门针对妈妈的精神分析课程。因此，我选出有助于教养子女的理论，以"妈妈心理学"为主题，开设一系列课程。结果课程反响超出预期，妈妈们纷纷表示已经明白如何教养孩子和如何当一个好妈妈。其中一位妈妈还邀请我去她的孩子就读的小学，为家长们授课。或许是反响不错，这所学校又将我推荐给另一所学校，于是我去了好几所学校为家长们授课。在某次课后聚会时，有位家长认真地建议我将课程内容编成书出版，我当场答应了。六年后，这本书才问世。

承诺要出书，却用各种借口一再拖延，关键原因就是我的懒惰。每次觉得该动笔了就会写几页，然后便不管了。如此反复，时间一久，渐渐淡忘了初心。

大约两年前，我同时遇见三位因子女而苦恼的妈妈——因讨厌孩子而痛苦不已的妈妈、担心自己童年的创伤对孩子造成负面影响的妈妈、因孩子太内向而到处咨询的妈妈。见到这三位令人惋惜的妈妈时，我的脑海中再次出现这样的想法：问题的根源不是孩子，而是妈妈。

这三位妈妈的共同问题是，她们并不了解自己真实的心理状况。与她们交谈后，我再次决定要写完这本书。这三位妈妈同时出现，似乎在斥责我懒惰、拖延。我非常希望有人在读完我的书后可以获得帮助，哪怕只有一个受益者。（书中详细介绍了这三位妈妈的故事。）

妈妈爱孩子，但母爱有时很危险。给予孩子母爱时，妈妈以为是一剂"良药"，对孩子来说却可能是"毒药"。即使孩子说太苦了，抗拒服"药"，妈妈却以良药苦口为由强迫孩子咽下。时间一久，"毒素"不断在孩子体内积聚，就会让孩子"生病"。妈妈却陷入迷茫，不知自己做错了什么。

其实，在考虑为孩子做什么之前，首先应该考虑不该做什么。妈妈的自我反省是必要的。本书不讨论教养孩子的方法论，只讲述妈妈对孩子及自身应该具备的态度，这远比方法论重要。孩子需要的是父母正确的态度，只要父母的态度足够坚定，孩子在面对诱惑时就能做到不为所动。

本书尝试用简单的精神分析理论来观察妈妈的潜意识，因为审视潜意识是自我省察的核心。了解潜意识不需要具备太多知识，只要懂一些理论即可。因此，书中只罗列了精神分析理论中妈妈必须了解的要点。希望这本书能成为妈妈了解自身潜意识的指南。

焦虑的妈妈、焦虑的孩子、焦虑的世界……在这个焦虑的时代，更需要"妈妈的哲学"。充分了解自己的妈妈才能确立自己的教养哲学。衷心希望每位妈妈都能用坚定的教养哲学将孩子养育成才。为保护隐私，我对书中的案例略有删改或润色。感谢提点我、给予我帮助的妈妈们。

尹宇相

2019 年春天

目录

第二章
妈妈的"超我"   47

第三章

妈妈的欲望

第四章
妈妈的愧疚感

第五章
妈妈的焦虑

学习焦虑：让孩子换个项目学   161

安全焦虑：适当保持距离   176

第一章

妈妈的潜意识

在妈妈的潜意识中，藏着两个"密码"。

之所以称为"密码"，

是因为它们很重要，却藏得很深，很难被察觉。

♡ ♡ ♡

寻找教养子女的"密码"

对待孩子的两种心态

　　我曾以"妈妈心理学"为主题在各地开设课程。每次课程开始时，我会先问一个问题："大家想培养出什么样的孩子？"对于这个问题，妈妈们的回答如下：

　　聪明的孩子

　　自信、大方的孩子

　　机灵的孩子

　　能控制情绪的孩子

　　善于表达自己想法的孩子

　　不会因失败而一蹶不振的孩子

　　具有挑战精神的孩子

　　保持积极心态的孩子

　　懂得感恩的孩子

有梦想的孩子

性格开朗的孩子

充满自信的孩子

正直的孩子

懂得享受生活的孩子

长大后能自食其力的孩子

有创造力的孩子

情感丰富的孩子

拥有自由灵魂的孩子

不会被欺负的孩子

能和他人和睦共处的孩子

对自己的事情负责的孩子

每天都能感受到幸福的孩子

平凡的孩子

以上便是妈妈们的期许。如果孩子们都能按照这样的期许长大，该有多好。用一句话总结妈妈们的期许，就是孩子拥有成熟人格、能充分发挥自己的能力、能和他人和睦相处。

对于孩子的未来，妈妈们真正期望的并不是体面的工作或殷实的生活，而是孩子能够健全地享受自己的人生。这是韩国大多数父母的教养理念。不会有妈妈认为"性格糟糕又如何，学习好就行""只要能出人头地，踩着别人往上爬也可以""不管别人说什么，只要能赚大钱，功成名就就好"。

　　奇怪的是，现实生活中的妈妈们往往会违背这种教养理念，总是焦虑、不满、急躁。她们会毫不留情地让孩子加入竞争行列；心里想要"幸福的孩子"，现实中却期待"优秀的孩子"；希望孩子早上睁开眼就能感受到幸福，自己却每天早上都对孩子唠叨个不停；希望孩子自信、大方，却总是打压孩子，让他们畏缩不前；希望孩子能与他人和睦相处，却告诉孩子一定要选合适的人当朋友。父母明明有好的教养理念，为什么行动总是跟不上呢？

　　教养方式取决于妈妈的心态。只要拥有"希望孩子能好好成长"的心态就可以。用这种心态教养孩子，就能让孩子健康成长。但问题总是出在妈妈的心态上，因为妈妈的心态常常在潜意识中变"坏"。

　　现在，让我们通过潜意识的窗口，了解一下"妈妈的心态"。

妈妈的潜意识中藏着两个"密码"

　　在妈妈的潜意识中，藏着两个"密码"。之所以称为"密码"，是因为它们很重要，却藏得很深，很难被察觉。只有找到藏在潜意识中的"密码"，才能成为明智的妈妈。妈妈的心理课，正是关于如何找出"密码"并对其加以修正的课程。那么，这两个"密码"到底是什么呢？那就是"妈妈的气味"和"妈妈的有色眼镜"。

妈妈的气味

吃完美味的炭烤猪排，身上会散发猪排的气味，即使喷了除味剂，猪排的气味也不易散去。从花店出来时，身上也会散发花香，虽然我们看不见气味，但它会附着在人身上，不会轻易散去。

妈妈也有独有的"气味"。在妈妈怀里长大的孩子，身上自然会染上妈妈的气味。但妈妈的气味与其他气味不一样，会伴随孩子一生。无论孩子走到哪里，都会散发妈妈的气味。正如你刚吃完猪排，别人根据气味就能马上知道你吃了什么，那些身上带着妈妈气味的孩子，也很容易被人察觉。

别误会，这里提到的妈妈的气味，并不是指妈妈实际的体味，也不是指妈妈每天要在孩子身边陪伴几小时、要亲自照顾孩子从而建立依恋关系这种程度的"气味"。本书提到的妈妈的气味，与妈妈实际的体味以及和妈妈接触时嗅到的气味毫无关联，这里指的是"妈妈的心态"。

如果妈妈以爱护的心态看待孩子，孩子就会散发被爱护的气味。无论走到哪里，孩子都会散发这种被爱护的气味，其他人也会自然地想要爱护这个孩子。如果妈妈觉得孩子没出息，孩子就会染上没出息的气味，并且在不知不觉中散发没出息的气味，其他人也会在不知不觉中认为这个孩子没出息。这就是妈妈的气味，不是肉体的气味，而是心态的气味。

有莫名让人喜欢的孩子，也有莫名令人讨厌的孩子，这都和妈妈的气味有关。莫名让人喜欢的孩子，多半从小就被父母及亲人喜爱，总是散发被喜爱的气味，其他人也会像被施了魔法一样喜爱这个孩子。而那些莫名令人讨厌的孩子，散发着父母传递给孩子的"讨厌的气味"。这是一种吸引法则。被父母疼爱的孩子容易被其他人喜爱，被父母讨厌的孩子则容易被其他人讨厌。

在某次以自我成长为目的的团体心理咨询活动中，发生过一件令我印象深刻的事。团体心理咨询是参与者通过坦诚地交流彼此的问题，进而深入了解自己的活动。那次共有八名参与者参加，一起进行了三天两夜的交流活动。下面我想讲述其中一位参与者的故事。

这位参与者是一位30多岁的未婚小学女老师，一开始给人的印象很不错，看上去很开朗。第一天，大家抱着对她的好印象，与她相谈甚欢。但从第二天开始，我发现大家对待她的态度发生了变化。每次她发言时，总会有三四个人和她唱反调，说出诸如"你的话很难让人相信""你好像是我行我素的人""你好像有点儿幼稚"等言论。有些参与者还指责她不成熟、听别人说话时不认真。虽然团体心理咨询的原则是坦率表达，但我觉得其他人对待她的态度似乎有些过分。她的情绪也有些激动，反驳道："真不知道我到底有什么问题，你们非得这么针对我！"但她越这样，大家越觉得她不接受建议，对待她的态度越强硬。

然而，时间一长，我也想对她提一些意见，因为我总觉得她的语气、行为让人很不高兴。奇怪的是，她并没有说过不合时宜的话，也没有任何过激的行为，为什么会让我有这样的想法？没过多久，我便找到了原因。

这种现象是由她营造的氛围引起的。她自己营造了一种让别人看不顺眼，想批评她几句的氛围，别人只是就这种氛围给出了回应。我提议深入探讨她的问题，大家纷纷表示同意。于是，我将某一天晚上的时间都分配给那位小学老师。那天晚上，她说了很多话，也哭了很多次。

"刚来到这个集体时，因为能和大家坦诚地交流，我很开心。但从今天下午开始，我很疲惫、很难过，考虑要不要直接回家。每次我说话时，总有人反驳，把我当成小孩子，给我忠告。我并没有做错什么啊……我之所以来参加团体心理咨询，也是因为工作不顺利。不知为何，有些家长公然指责我没有当老师的资质。我以为可能是因为我是年轻的女老师，但相较于其他女老师，家长们对我的态度更差。在之前工作的学校里也是这样。我想：'是因为我有什么问题吗？'我苦恼了很久，于是来到了这里。但今天大家对我提意见时，感觉和被家长们指责差不多。我真的好累。"

等她说完之后，我向她询问关于她母亲的事。

"妈妈人很好，独立又有能力，一直都在工作，也全心全意地照顾我。多亏了妈妈，我才能成为老师。我在录用考试中两次落榜，想要放弃时，是妈妈给了我经济上和精神上的支持。"

我又问她："妈妈觉得你怎么样？"

她回答道："妈妈对我不太满意，总是过于担心我。我已经30多岁了，她还是会每天打电话吩咐我做这个做那个，问我为什么没做某件事，事事都要追根究底地干涉，总让我想发脾气。她总是把我当成小孩子。来参加团体心理咨询时，我说了知道怎么走，她非要我告诉她该怎么走。告诉她之后，她却叹了口气，说另一条路线更快。妈妈好像总是对我做的事不满意，从小就是这样。下班回家后，她会问我有没有做某些事。就算我做了，妈妈也会指责我做得不够好，直接无视我付出的努力，亲自再做一遍……"

原来问题在于她的妈妈。她的妈妈一直对她不满意，总觉得她什么都做不好，看不顺眼，于是一直唠叨着教她应该怎么做。她觉得很委屈，消极地反抗，说自己会看着办。但她的妈妈觉得女儿很敷衍，于是更加严厉地责备她。母女关系以这种模式不断恶性循环。妈妈散发着看不顺眼的气味，于是她也散发着让人看不顺眼的气味；妈妈认为她很敷衍，于是她散发着敷衍的气味。

这种母女关系在团体心理咨询中重现了。那些学生家长也一样，因为莫名看她不顺眼，所以才会说出"是不是该做这件事"等话语，对她进行干涉。当她说自己会看着办时，家长们便认为她很敷衍，认为她有问题。

我向她说明了这一有关潜意识的心理分析。听完后，她哭了起来。哭了半天，她说："我现在才知道为什么别人唯独爱挑我的毛病。这种情况不止一两次，在之前工作的学校里，教导主任指派我做事，明明我很努力，他却非要找碴儿，唠叨个不停……我终于知道那些家长为什么针对我了，以前无法理解的种种问题，现在终于找到了答案。"

妈妈的气味对孩子的影响很大。妈妈的气味就是妈妈的心态。人们在看待一个孩子时，会不由自主地嗅到孩子妈妈的气味，按照孩子妈妈对待孩子的方式对待这个孩子。请你闻一闻身为妈妈的自己散发的气味吧！面对你的孩子，你散发着什么样的气味？宠爱的气味？讨厌的气味？不满意的气味？喜悦的气味？不耐烦的气味？

接着，来了解一下第二个"密码"。

妈妈的有色眼镜

世界上戴着有色眼镜的妈妈不在少数。如果妈妈戴着黑色的眼镜，会将白色的孩子看成黑色的孩子。为了洗去孩子身上的黑色，妈妈每天用毛巾拼命搓洗，惹得孩子哭闹不止："妈妈！我是白色的！不用洗！"妈妈却不予理会，因为妈妈眼里的孩子就是黑色的。想方设法洗去孩子身上的黑色，只会伤害孩子白色的皮肤。

　　妈妈尽全力为孩子付出，到头来却发现孩子"生病"了，可能就是因为妈妈戴着有色眼镜。妈妈的有色眼镜也是区分明智妈妈和愚昧妈妈的标准。如果将白色的孩子看成黑色的，妈妈的用心反而会成为伤害孩子的"毒药"。妈妈必须以孩子原本的模样来看待孩子。

　　妈妈的有色眼镜到底是什么？其实就是"妈妈看待孩子的方式"以及"妈妈看待孩子的心态"。每个妈妈都有自己的人生经历，妈妈的有色眼镜由生活经验、性格以及价值观混合而成。

　　下面是某妈妈论坛中的一篇文章，可以通过这个例子来具体了解妈妈的有色眼镜。

　　　　一周前，大儿子开始上幼儿园。开学典礼结束后，和儿子一起出来的时候，遇见了他的一个朋友。那个孩子热情地跟我儿子打招呼，我儿子却躲到我身后。我很吃惊，也很担心，因为我就是一个很内向、不太擅长社交的人，孩子怎么和我一样？出于担心，我还申请和班主任面谈，请老师帮帮他，让他平时多和其他孩子接触。最近，我也开始训练孩子，让他在我面前练习主动打招呼、自我介绍。但他很抗拒，生气地问我为什么要做这些。我也很生气，大声吼他："你要主动和朋友打招呼，不然你会被孤立！"送他去上演讲培训班会不会有所帮助呢？如果大家有改变男孩性格的好方法，一定要告诉我，我真的很着急。

乍一看，这只是一般妈妈的普通烦恼。但是，这种普通的烦恼中隐藏着妈妈的有色眼镜。上幼儿园的第一天，孩子的朋友主动跟孩子打招呼，孩子害羞地躲到妈妈身后，这是世界上每天都会发生数百万、数千万次的事。这种常见的事，却让这位妈妈吃惊、担心。在妈妈眼中，自己的儿子是个交际能力不足、畏缩、扭捏的孩子。孩子身上背负着妈妈的焦虑，被迫接受社交训练。

这位妈妈戴着"我就是因为太内向，所以不擅长人际交往，这种性格很不好"的有色眼镜看待孩子，想着"我的孩子性格内向，该怎么办"。这位妈妈将性格内向的孩子看成有问题的孩子，努力想让孩子改变内向的性格，于是带着孩子到处练习，推着孩子上前。孩子不配合，妈妈就担心、焦虑。这样一来，孩子因为被迫做不愿意做的事而痛苦，又因为做不到而更加畏缩，看到妈妈的脸色还会心生歉意。这位妈妈全然不知问题在于她戴着有色眼镜，将性格内向的孩子看成有问题的孩子，可能还会反驳："就是因为孩子胆小才说他内向，难道要我放任不管吗？"这类妈妈属于危险型妈妈，很容易倾其所有为孩子付出，看到孩子"生病"才追悔莫及。

"妈妈的气味"和"妈妈的有色眼镜"是搭档，两者会协作。如果妈妈因为戴着"孩子性格内向就是有问题"的有色眼镜而焦虑、担忧，孩子就会散发内向的气味以及焦虑、担忧的气味。虽然妈妈努力想消除孩子的内向气味，结果却造成反作用，不仅没有除掉，反而让孩子散发更强烈的内向气味，还会让孩子染上焦虑、担忧的气味。

　　这与"不要想大象"的做法相同，越努力不去想大象，越无法摆脱有关大象的想法。妈妈戴着"性格内向"的有色眼镜，就会困在"怎样才能改变孩子内向的性格"的框架中，孩子也会一直被视为性格内向的孩子。

　　孩子能够察觉妈妈的想法："妈妈为什么送我去上演讲培训班？为什么教我和朋友打招呼？"但是，这样做就能让孩子下定决心改变性格，立志变得自信大方吗？并不会。一般15岁以上的孩子才会认为自己的性格有问题。年纪较小的孩子只会想"妈妈为什么会这样？我有什么问题吗？我不能让妈妈担心"，然后照着妈妈说的去做。被妈妈焦虑、担忧的眼神注视着，孩子无法变得自信，只会困在"内向"的框架中。

　　"妈妈的气味"和"妈妈的有色眼镜"这两大"密码"，对教养子女有极大的影响。如果妈妈戴着能看到孩子原本模样的"眼镜"，散发爱孩子的气味，那么孩子一定会很幸福。即便妈妈不富有、学历不高、性格暴躁，孩子大体上也能过得很好。因为这些孩子沐浴在爱意中，并且以原本的样貌得到认可，他们的生命力会更强，也会更自信。然而，让妈妈们戴上清晰的"眼镜"、散发爱孩子的气味并不容易，因为妈妈的气味和有色眼镜大多藏在潜意识中。接下来，我们正式进入妈妈的潜意识这一领域。

观察妈妈的潜意识

妈妈未察觉的想法

西格蒙德·弗洛伊德是精神分析学之父，他用科学理论解释人类的潜意识，在精神史上产生了深远的影响。基于弗洛伊德的精神分析理论，人们对"人类"的理解得到了革命性拓展。人们得以了解某种行为背后的根本原因，理解心理疾病患者出现某些症状的原因。弗洛伊德将藏在黑暗中的人类"潜意识"带到了光明中。

在我们的心理世界中，有一种我们未察觉的意识——潜意识。简单来说，潜意识就是"自己未察觉的想法"，正是这种自己未察觉的想法支配着我们。我们的想法和由我们的意志决定的行为，其实都是由我们未察觉的潜意识指使的。结交朋友、选择职业、步入婚姻，都是潜意识支配的结果。

即便不了解潜意识，也能过得很好。但不管我们愿意与否，潜意识都会影响我们的生活。妈妈教养子女也会受到潜意识的支配。妈妈苦恼该制订怎样的教养计划时，其实是按照自己未察觉的潜意识来教养孩子。很多女儿下定决心"绝对不会像妈妈那样做"，行为举止却和自己的妈妈十分相似；下定决心"不会嫁给爸爸那样的男人"，最终却选择了和爸爸相似的伴侣。努力不想那样做，却很难如愿，自己也不知道原因。其实，这都是因为潜意识。因此，至少要好好了解自己的潜意识。而要想了解自己的潜意识，就要先了解弗洛伊德。

意识、前意识、潜意识

　　弗洛伊德的早期理论将人的心理分为三个部分——意识、前意识、潜意识。将这个理论比作冰山，更容易理解。

　　如果将人的心理世界看作冰山，浮在水面上的部分就是"意识"，能够看到、感知到；藏在水面下的是"前意识"，是站在冰山上往水里看时能依稀看到的部分；"潜意识"则位于深不见底的水中，无论怎么看都无法看清。

　　我们来更详细地了解一下意识、前意识和潜意识。什么是意识？意识就是"当下的认知"。现在正在看书，所以意识到书。试着将目光从书本上移开，环顾周围，现在在哪里？能看到什么？当下将精神聚焦到某处的状态便是意识。"意识到"是指"当下看到、感知到"。

前意识是什么？为了说明前意识，我先问一个问题："昨晚吃了什么？"认真思考昨晚吃了什么，是不是就能想起昨天的晚餐？这就是前意识。在翻阅这本书的当下，并没有回想昨天的晚餐，也就是说，阅读本书时，昨天的晚餐并不在意识中，但可以通过仔细思考回想起来。"虽然当下没有意识到，但只要努力回忆，就能浮现在意识中"的部分就是前意识。

而潜意识就是怎么努力都想不起来、无法成为意识的部分。为了帮助大家了解潜意识，我再问一个问题："你能想起你出生时的样子吗？"

"……"

想必大家都不会认真回想，因为根本不可能想起来。想不起来的这些就是潜意识。

我再为大家进一步解释前意识和潜意识。有时，我们会突然想不起某个演员的名字。你能立刻说出电影《碟中谍》的主演叫什么吗？可能知道长相，名字却在脑海中模糊不清，怎么都想不起来。这就是一种潜意识，无论怎么努力，都无法变为浮现在脑海中的意识。但在某个瞬间，你可能会突然想起："啊！是汤姆·克鲁斯！"这说明演员的名字位于前意识和潜意识的交界处。

潜意识不仅意味着记忆，还包括一些不能表露的情感和想法。

构成我们心理世界的不仅有意识，还有前意识和潜意识。重点在于，被视为心理世界整体的"意识"只是冰山一角。在人的心理世界中，比起意识，前意识和潜意识的部分更庞大。一直以来，我们都认为是按照自己的意识生活，其实只有极少的时候是如此，更多时候是被前意识和潜意识牵着走。

　　这就是意识、前意识和潜意识。我们无法通过努力察觉潜意识，即使接受近三年的精神分析治疗，也只能了解自己的部分潜意识。而前意识可以通过自我反省来察觉，不需要他人的帮助。

　　"妈妈心理学"其实就是"察觉自我前意识"的课程。察觉前意识，意味着洞察自己的内心，并且自我反省。明智的妈妈必须练习察觉自己的前意识。与其判断孩子做得好不好，不如反省自己做得如何，了解自己当下如何看待孩子、以怎样的心态面对孩子。

　　在本书中，我不会刻意区分前意识和潜意识。我会将那些当下无法浮现在意识中的意识统称为"潜意识"或"潜在意识"。

　　了解完弗洛伊德有关潜意识的理论，可以思考一下：潜意识会如何影响妈妈的教养方式？下面分享一个我在执导心理剧时遇到的一位母亲的故事。

通过心理剧了解妈妈的心理

　　我是一名心理剧专家，执导心理剧已20多年，目前是韩国心理剧、社会剧学会的一名训练导演。心理剧是通过戏剧形式解决心理问题的治疗方法。最初引进韩国时，它被称作"精神治疗剧"，由于这个名字容易让人误会它是针对精神病患者的治疗方

法，因此开始采用更柔和的名字——"心理剧"。目前，心理剧
疗法更多地被用于那些想了解自己心理的普通人身上。

亲子之间、家人之间出现矛盾，或者妈妈有心理问题时，我
都极力推荐大家尝试心理剧疗法。仅靠一两次心理咨询很难解决
这类问题，还需要花费大量时间和金钱，但心理剧疗法只要进行
一次就会颇有成效。许多人在面对"心理剧"这个陌生领域时会
有些犹豫，但只要鼓起勇气尝试，或许可以改变一生。

为了便于理解，我先简单地介绍一下心理剧疗法的流程。

出场人物

导演：引导心理剧进程的人。

主人公：为解决心理问题而登上舞台的人。

辅助人物：帮助主人公的辅助演员，扮演主人公的
家人、朋友或其他配角。

方法

重演：通过再现过去的事，感受当时的情绪。

行为化：通过做一些过去未做过或现在想做的事，
释放情绪。

角色交换：和对方交换角色，站在对方的立场上。
例如，丈夫扮演妻子的角色，母亲扮演儿子的角色。

引导心理剧进程的人被称为导演，为解决心理问题而登上舞台的人是主人公。当主人公站在舞台上阐述自己的问题时，导演在观众的帮助下执导心理剧。帮助主人公的配角也叫辅助人物，主要扮演主人公的家人、朋友或其他配角。辅助人物的扮演者不是专业演员，而是从观众席中随机挑选的观众。传统的心理剧通常持续3小时左右。在这3小时中，可以深入了解一个人的生活。主人公在生活中有过的烦恼、矛盾和创伤，一一展现在舞台上。演员们在舞台上一起哭、一起笑、一起大喊，得到新的领悟。心理剧最大的优点是能在短时间内产生强大的效果。如果想通过心理咨询解决复杂的心理问题，不仅需要很长时间，效果也无法得到保证，而心理剧可以快刀斩乱麻。

20年来，我认识了近千名主人公，听过很多让我感叹"怎么会有这种人生"的故事，也遇到过很多寻求帮助的妈妈——伤害孩子的妈妈、心怀歉疚的妈妈、讨厌孩子的妈妈、偏心的妈妈……通过心理剧，我也看到了这些妈妈的孩子的人生。我会稍微改编几个故事，分享给大家。

几年前，我通过心理剧认识了一位妈妈，她的故事能很好地说明妈妈的潜意识是如何影响孩子的。这位妈妈是一位30岁出头、育有一个3岁儿子的小学老师。她的倾诉如下："说来惭愧，我经常动手打我儿子。明明上一秒还宠着他，下一秒却性情大变，开始发脾气。我打他的力道很重，简直就是暴打。打完孩子后，我总会流下悔恨的泪水，决心不再打他。但孩子只要犯错，我就会忍不住动手。我觉得自己好像疯了。"

这位主人公的问题是，经常出现讨厌孩子的念头，甚至对孩子动手。3岁的孩子能犯什么样的大错，竟会招致这样的暴打？主人公觉得自己很可怕，没资格当妈妈。这种想法让她很痛苦，甚至考虑过离婚，认为自己离开才是对孩子好。在这样的状态下，她登上了心理剧的舞台。

首先，我让她重现最近一次动手打孩子的情景，以便了解她是在什么样的情况下动手打孩子。主人公表演了两个场景：一个是孩子玩完玩具后，没收拾好就去做别的事，看着凌乱的玩具，主人公火冒三丈，朝孩子的后背打去；另一个场景是孩子将饼干渣儿掉得满地都是，主人公十分生气，毫不留情地打了孩子一巴掌。虽说是重演，但主人公打孩子的样子就像在打仇人。

接着，我让主人公表演更多细节，发现这两个场景都和孩子的奶奶即主人公的婆婆有关。第一个场景发生在婆婆陪孩子玩玩具之后，第二个场景发生在婆婆买来饼干跟孩子一起吃完之后。

我不禁好奇：这个现象是否和婆婆有关？看来有必要探讨主人公和婆婆的关系。于是，我让配角重现了婆婆带着孙子开心玩耍的场景，并且询问主人公看完的感受。她说："很讨厌！看都不想看！"看来答案呼之欲出。我让她更深入地体会这种感觉，她神情冷淡地说："我很生气！"

我让观看这个场景的主人公将想做的举动"行为化"。她对

"儿子"说："不要和奶奶玩！"并且试图将"儿子"和"奶奶"分开。为了让场景更加戏剧化，我让"奶奶"紧紧地抱住"孙子"。结果主人公更加生气，拼命想将两人分开，大声吼道："消失！给我消失！"

　　原因正是主人公的婆婆。只要婆婆来过家里，主人公就会变本加厉地打孩子。她尤其厌恶婆婆搂着孩子时欢喜的模样。其实，背后有一个这样的故事。

　　主人公的丈夫有三个姐姐，他是家里最小的孩子。两个人恋爱五年多，男方的母亲却始终反对这门婚事。当时，男方已经考上了公务员，而主人公还在准备公职考试，前途未卜。男方的母亲直截了当地对她说："考不上公职，就不能嫁给我儿子！"没想到，在此期间，主人公意外怀孕了，她与男方都很开心，觉得这是上天的祝福，于是决定结婚。男方的母亲却执意反对，说出狠话："考不上就别想结婚！"甚至让主人公拿掉孩子。在这种精神压力下，主人公不幸流产，为此非常伤心。一年后，主人公通过了公职考试，成为一名老师，也顺利与男方结婚并生下一个儿子。由于是三代单传，婆婆格外疼爱孙子。但是，身为妈妈的主人公变得很奇怪，开始因为小事动手打孩子。为什么会这样？

　　我们可以从两个心理层面进行分析。一是主人公对婆婆的愤怒情绪。因为婆婆是让第一个孩子流产的罪魁祸首，所以主人公的潜意识中隐藏着愤怒的情绪，看不惯婆婆宠爱孙子的样子。而这种对婆婆的厌恶只能深藏于主人公的潜意识中。奶奶疼爱孙子是理所当然的事，讨厌这种疼爱的儿媳妇反倒显得有问题。她表面上若无其事地看着婆婆疼爱孩子，潜意识中却极度愤怒。她的潜意识在向婆婆大吼："你杀了我的第一个孩子，现在反倒疼爱我儿子？"甚至想用更恶毒的话骂婆婆，但知道不能那样做，只能将这些愤怒的情绪隐藏在潜意识中，然后转嫁到孩子身上。怨恨一个人却无法对其进行惩罚时，便想毁掉那个人最珍视的人或物。主人公不可能对婆婆施暴，只能对婆婆喜爱的人——自己的孩子——施暴。

另一种心理是主人公作为母亲的愧疚感。由于对未出生的孩子心怀愧疚，导致她无法全心全意地疼爱已出生的孩子。越疼爱现在的孩子，潜意识中对未出生的孩子越愧疚，甚至将对现在的孩子的讨厌视为对未出生的孩子的爱和获得原谅的方式，其中也包括没能好好保护那个孩子的自责。这种自责会转变为自虐。自虐是一种自我折磨的行为，其中一种方式就是破坏自己心爱的东西，因此，主人公一直对自己心爱的孩子施暴。

主人公潜意识中对婆婆的愤怒、对没能出生的孩子的愧疚以及没能保护好那个孩子的自责，全部转嫁到自己的孩子身上。懵懂的3岁孩子就这样成为"替罪羔羊"。

如何解决这个问题？唯一的办法是让主人公发泄自己潜意识中的情绪。首先要发泄对婆婆的愤怒。我让主人公对扮演婆婆的演员说出所有想说的话，尽情地将内心的委屈和愤怒表达出来，还让她用报纸做的棍子狠狠地打代表婆婆的椅子。

　　在心理剧中，允许主人公采取怒骂、殴打的行为。只有通过这种强烈的情感宣泄，潜意识中的情绪才能得到发泄。主人公发泄完对婆婆的愤怒后，我又让她和那个没能出生的孩子对话。"孩子，对不起，真的对不起……"主人公释放了自己深深的愧疚感。随后，我让她面对未能保护好孩子的自己，并且给予惩罚。"你这个连孩子都保护不了的人！"她边说边打自己。最后，我让她面对被妈妈讨厌、虐待的懵懂的孩子。

　　主人公终于走出了婆婆和未能出生的孩子带来的阴影，见到了孩子原本的模样。她抱着"孩子"，哭得很厉害："对不起，对不起，我的儿子……妈妈对不起你……"她的眼泪发自内心，不断地涌出来。恢复平静后，她拥抱了"孩子"，心理剧也随之谢幕。

　　大约一个月后，主人公打来电话，告诉我她对孩子动手的行为神奇地停止了，现在她可以微笑着看婆婆疼爱孩子的场面。虽然孩子不听话时，她还是会训斥几句，但训斥的程度和一般妈妈差不多。她还说，自己的内心平静了许多。现在，这位主人公又生了一个女儿，过着幸福美满的生活。

　　这场心理剧揭示了潜意识的运作方式。孩子出生时什么都不知道，只是按照他们原本的模样、被赋予的本能做出各种行为，妈妈却在潜意识中戴着有色眼镜看待孩子。

　　这位主人公的问题缘于一种深层次的潜意识。通常情况下，妈妈们在教养子女的过程中不必了解这种深层次的潜意识。如果像这位主人公一样，和孩子的关系十分不好，问题才有可能是由深层次的潜意识导致的。大部分情况下，这类问题在前意识层面就能解决。也就是说，妈妈们只要善于自省，就能解决问题。

　　仔细观察自己对孩子所做的行为，观察自己看待孩子的心态就足够了。了解潜意识始于"自省"，懂得自省的妈妈是明智的妈妈。

　　如何自省？最好的方法就是省视自己是否在孩子身上进行了"投射"。

投射：妈妈心理学的核心

　　如果让我在心理学领域选出一个最重要的词语，我会选择"投射"。可以说，心理学始于投射，终于投射。"投"指投掷，"射"指发射，投射即投掷与发射，是一种"将自己的想法、情绪、问题抛给别人"的作用力，是一种"不是我的错，是你的问题"的防御机制。

　　例如，读初三的儿子告诉妈妈明天是期末考试的日子，让妈妈5点叫醒他，他好多复习一会儿。孩子主动说要学习，哪位妈妈会不愿意叫醒孩子？第二天早上，妈妈准时去叫他，却怎么都叫不醒。最终，孩子起晚了，开始发脾气。下午回到家，他还抱怨："都怪妈妈没叫醒我，让我考砸了。"明明是自己起不来，却将考不好的责任推到妈妈身上，这就是投射。将自己的问题

"抛"给妈妈，认为自己没做错，这是最低级别的投射。

投射有等级之分，最低级别的投射是"找借口"。用"不是我的错，都怪你！"的借口，将错误推到别人身上，任何人都能轻易地看穿这种投射。

接下来是不易识别的高级别投射。一位丈夫怀疑自己的妻子出轨，不但用怀疑的目光看待妻子，还总是盘问妻子。妻子则指责丈夫不信任自己。其实，分析这位丈夫的心理，就能看出有出轨欲望的正是他自己。他将这种潜意识中的欲望投射到妻子身上，声称"想出轨的不是我，是我妻子"。当然，这只是一个例子，并不是说疑心重的人都是这样。

还有一种情况是，自己不喜欢某个人，就觉得对方也不喜欢自己。这是将讨厌对方的心态投射出去，转变为对方讨厌自己的情形，认为"不是我不喜欢你，是你不喜欢我"。

最后，来看看最高级别的投射——投射行为成为日常，根本无法分辨是不是投射。请问，你最喜欢哪位演员？我们医院里有名护士是某演员的忠实影迷，痴迷于他那忧郁的眼神。另一位护士却觉得这位演员不怎么样，单纯地不喜欢他的表情。不同的人对同一名演员有截然不同的评价，正是因为投射。

喜好也是一种投射。有一位身材比较丰满的女孩，有些男孩觉得她很可爱，很喜欢，有些男孩却不喜欢她这种身材。不同的人对同一个人会有不同的看法。如果妈妈的身材比较丰满，儿子很可能也会喜欢丰满的女孩，因为他会将妈妈的美好形象投射到与妈妈身材相似的女孩身上。儿子不由自主地喜欢丰满的女孩，却没有意识到这种女孩和妈妈很相似。我们之所以喜欢或不喜欢某一类型的人，是因为在潜意识中戴上了由人生经验创造的有色眼镜。前文中提到的"妈妈的有色眼镜"也是一种投射。

在英语中，投射写作"projection"，这个单词与投影仪（projector）有关。影像通过投影仪投射到白色屏幕上，影像的源头是投影仪里的底片。底片是红色的，投在屏幕上的就是红色的；底片是蓝色的，投在屏幕上的就是蓝色的。

我们的心理世界与投影仪很像。人的脑海中有原版"底片"，如果"底片"是红色的，我们眼中的世界也会呈现出红色；如果"底片"是蓝色的，我们眼中的世界也会呈现出蓝色。也就是说，我们的脑海中有一副有色眼镜。如果这副眼镜架在鼻梁上，很快就能感受到，但正因为它藏在脑海中，才会难以察觉。

投射是妈妈心理学的核心，你此刻对孩子的所有看法可能都是投射。

小贴士　了解自己的内心："作为观察者的我"

如何成为一个明智的妈妈？只要仔细观察自己就可以。精神分析领域十分强调"作为观察者的我"这一概念。因为只有"作为观察者的我"存在，人才能自省、自我成长。

我们试试吧！合上这本书，将所有的思绪从书中转移到自己身上，用心感受自己，想想"原来我在看书"这件事。然后，好好感受自己的身心，感觉愉悦还是焦虑？不要让意识游离在外，一定要集中在自己身上。这种脱离自我、观察自我的过程，就是"作为观察者的我"存在的体现，从某种意义上说，就像"灵魂出窍"。

实际练习一下，想想我们对孩子的感受如何。想到什么就写什么，可靠、很不错、令人担忧、让人难过……仔细感受拥有这些想法的内心。"啊！原来这就是我对孩子的看法。""原来我心里是这么想的。"妈妈的心理课，从察觉自己的内心开始。

如果我的孩子出现了问题，
该怎么办？

"藏"在孩子身体里的那个人

有一次，我和关系要好的学弟一家聚会。饭桌上，学弟家读一年级的儿子只吃了几口饭就不吃了。孩子的妈妈见他不好好吃饭，骂他不吃饭会长不高。孩子哭闹着不想吃，母子俩就这样折腾了一顿饭的时间。

学弟说，他的妻子因为担心孩子长不高，格外重视孩子的饮食，每天都会在饭桌上与孩子起争执。不仅如此，他的妻子让孩子从六岁开始喝各种营养补充剂，最近还给孩子喝长个子的中药。学弟的身高大概有一米七五，他的妻子则是一米五出头。因为孩子比同龄的孩子矮一些，他的妻子一直担心孩子会因为像她而长不高，仿佛看到孩子的身体里住着一个没长高的她。孩子明明可能会长得像爸爸那么高，这位妈妈却总是担心孩子会像她。

再举一个例子。有位内向的男士，见了人也不怎么说话，像块木头。他的妻子劝他多与他人来往也没用，他只是无动于衷地说："那又怎么样？有外向的人，当然也会有像我一样不爱说话的人。"他的妻子越看儿子越觉得他像自己的丈夫，儿子总是独自安静地玩耍，也不擅长表达自己的想法，她十分担心。"孩子要是像他爸爸一样，怎么办？"那位妈妈目前已经给孩子报了领导力培训班和演讲培训班。在她眼中，孩子的身体里"住"着自己的丈夫，她将丈夫的形象投射到孩子身上。孩子本没有任何问题，却在她眼中变成性格内向、不善于社交的"丈夫"。

在某次课程结束后的问答时间，一位妈妈说，自己快被儿子愁死了。

"我儿子今年读小学二年级，他太讲原则，有些呆板，丝毫不懂得变通。放学回家后，要先写一小时作业，非常有时间观念。一说要带他出门，他就早早地穿好衣服等着。他连吃饭的时间都规划好了，要求我在那段时间给他做饭吃。我常常生气地对他说，'总是那样可不行，要懂得变通'。"

听完她的倾诉，一旁的妈妈们却说："哎呀，好羡慕啊……"也有人说："这居然是烦恼吗？"有一位妈妈甚至开玩笑说："要不我们交换孩子吧？"在一位妈妈看来令人羡慕的孩子，在另一位妈妈看来却不那么令人满意。别人称赞这个孩子乖巧懂事，他的妈妈却因为他太讲原则而烦恼。

为什么她对这个被旁人称赞的孩子不满意？我问那位妈妈，家里有没有人和孩子性格相似。她想了想，突然"啊"了一声，想起她那位几年前去世的父亲，说："我儿子和我父亲实在太像了！"

原来，她的父亲是一个非常严谨、一丝不苟的人。例如，和别人约好见面，总会提前半小时到达约定场所；要做的事永远都会提前做好。而她的性格和父亲恰恰相反，常常因得过且过、敷衍了事而被父亲责骂。她说，每次跟父亲在一起，都有一种要窒息的感觉，觉得父亲太死心眼儿。她在儿子的身上看到了自己父亲的影子，这就是潜意识。这种情况时有发生，这个家庭的故事也并非个例。如果这个很讲原则的孩子出生在其他家庭，可能会在称赞声中长大。同样的孩子在不同的成长环境下，会活出不同的人生。

很多家长觉得自己只是看见了孩子最真实的模样，但事实并非如此。看着孩子的时候，会在孩子身上投射另一个人，或许是自己，也可能是丈夫、自己的父母，甚至是公婆。这就是妈妈的有色眼镜、妈妈的投射。孩子明明是一个独立的个体，妈妈却看到了"藏"在孩子身体里的胆小的某人、懒惰的某人、焦虑的某人、自私的某人。妈妈对这种心态毫不自知，误以为看到的只是自己的孩子。其实，对孩子的负面印象源于她讨厌的某个人的模样。

前文提到的那位心理剧主人公，就是因为在孩子身上看到了自己憎恶的婆婆，才会反常地讨厌自己的宝贝儿子。她很难察觉自己是因为在孩子身上看到婆婆的样子，才会对孩子使用暴力。这是一种复杂且深层次的潜意识。那个讨厌儿子一根筋的妈妈，也很难察觉自己在孩子身上看到了父亲的模样。

　　在上述两个案例中，妈妈们确实很难察觉自己在孩子身上看到了谁、投射了谁。然而，大部分情况下只要稍作反思就能察觉。因为大部分情况下，"住"在孩子身体里的那个人就是妈妈自己或孩子的父亲。投射的又是怎样的特征呢？主要是缺陷或感到自卑的地方。从个子矮、瘦小这种身材上的自卑到胆小、懒惰等性格上的缺陷，都有可能成为妈妈的投射点。

性格内向是低自尊的表现吗？

　　在诸多性格特征中，大部分妈妈担心孩子过于胆小、内向。下面这段文字是我在一个妈妈论坛中看到的：

> 　　孩子今年上二年级。这次我去参加校园开放日活动，发现他明明知道答案却从不主动举手回答问题。其他孩子都积极地举手，大喊："老师，让我来！"回家后，我问他："你明明知道答案，为什么不举手呢？"孩子居然说："没有为什么。"没有为什么？那时我才意识到原来我的孩子那么胆小。我心里咯噔一下子，因为我自己就是这样的人。虽然我知道大家都是这么长大的，但还是很难过。我该怎么引导我的孩子呢？

　　这是孩子太过内向的妈妈的苦恼。一般来说，担心孩子内向的妈妈，自己或丈夫也是这样的性格。这是一种投射心理。孩子的身上有"因性格内向而活得很辛苦的妈妈"的样子。那些"心大"的妈妈往往不太在意孩子小心翼翼的样子，觉得到了一定的阶段就会好起来。

　　可能有人会觉得疑惑：说孩子内向明明是陈述事实，怎么会是投射呢？担心孩子性格内向、个子偏矮难道不正常吗？实际上，投射并不是一面镜子，单纯映现出客观真实的东西；投射更像是一面哈哈镜，将事实扩大、夸张，并且加入负面情绪。

　　我是一个内向的人，我的孩子也是这样，这是客观事实。如果只是觉得孩子的性格比较内向，不觉得这是问题，那这就只是一个事实；但如果妈妈将自己的这种性格视为问题，进而将问题转嫁到孩子身上，不停地焦虑、烦恼，就会成为一种投射。妈妈在潜意识中将这些担忧放大，就会得出一个结论——我的孩子有问题。

　　妈妈的潜意识里隐藏着这样的想法：我的孩子胆子太小了，以这种性格怎么能在复杂的社会中立足呢？我该怎么帮孩子矫正这种性格？于是，妈妈为了矫正孩子的性格而努力。但是，妈妈的这种心态对孩子有害。"性格内向"的孩子给妈妈"戴"上了"我的孩子有问题"的有色眼镜，进而让妈妈散发担忧的气味。孩子和妈妈就这样被困在"性格内向"的框架中。

　　如果付出了努力，孩子的性格依旧没有改变，妈妈就会在心中默默地自我安慰："虽然我的孩子有问题，但没办法，既然是我生的，我就应该无条件地爱他。"我们很有必要仔细分析这种心态。这种妈妈的爱在潜意识中成为"怜悯的爱"，是病态的。这并非爱着孩子的全部，而是在心中接纳一个"虽然有问题但仍被我深爱着的孩子"。妈妈要注意将孩子视为完整体去爱他的全部和将孩子当成不完整体去爱的微妙区别。如果妈妈戴着"孩子有缺陷"的有色眼镜，散发"孩子必须改变"的气味，那么，抱歉，这不是纯粹的爱，而是一份"有毒"的母爱。

比起性格内向的孩子，努力想矫正孩子性格的妈妈存在更大的问题。这样的妈妈会为了让孩子活跃起来而逼迫尚未准备好的孩子融入陌生的环境，严厉地催促慢半拍的孩子，或者将喜欢独处的孩子推向人群。其实妈妈越这样做，孩子越畏首畏尾，甚至会引发严重的后果——孩子变得自尊心低下。妈妈用"你还不够好，你有问题"的评价低估孩子，怎么可能让孩子成为充满自尊感的人？

一些父母认为，孩子自尊心低下是因为本身性格胆小，其实并非如此。内向的性格和自尊心毫无关系。内向的孩子可能反而自尊心更强。他们看似没什么存在感，内心却有更坚定的力量。内向的孩子变得自尊心低下，不是因为自己本身的性格，而是因为父母的焦虑。

性格是一种气质，是父母在教养孩子时必须充分了解的因素。如果父母和孩子的气质进行斗争，对孩子的教养就无法正常进行。

气质是上天馈赠的"生存技巧"

　　气质是生命诞生之时上天赐予的特性，因此也称为天性。每个人都会带着属于自己的气质生活。当然，气质不是一成不变的，可能会随着年龄的增长自然地变化，也可以通过有意识的努力逐渐改变。但是，能改变的是既有气质的强度，让一种气质转变成另一种气质是不可能的。

　　"积极""消极""固执""温顺""急性子""慢性子"等都是形容气质的词语。气质没有好坏之分，只是一种天生的特质。"我的孩子无欲无求，性格很淡然，我很担心。"一位母亲向我表达了焦虑。有欲望才会想出人头地，有好胜心才能在艰险的社会中不落于下风。但贪得无厌、急于求成，为了胜利与人争斗不休，没能获胜就感到痛苦、气愤，这样的人生十分沉重。如果没有欲望，可能不会出人头地，但平淡的生活或许是不错的选择。

　　勤奋与懒惰也同样如此。人们认为"快"一些的气质代表勤奋、"慢"一些的气质代表懒惰。的确，勤奋能带来更多成功的机会，但若以"身心舒畅就是幸福"的标准来看，懒惰一些也没什么。从另一个角度看，正是因为即使懒惰也能安居乐业，上天才赋予了懒惰的气质；而那些只有勤奋工作才能生存的人，上天就赋予了他们勤奋的气质。勤奋的人可能劳碌一生却毫无收获，懒惰的人也可能不付出多少努力就能得到安逸的生活。每种气质都有各自的优点和缺点。

接纳孩子与生俱来的气质是教养孩子的基本原则。毁掉孩子最简单的方法，就是努力改变孩子的气质。只要动了想改变孩子气质的心思，孩子在父母的眼里就会变成有问题的孩子、没出息的孩子。

父母为什么想改变孩子的气质呢？那是因为他们不知道孩子的模样由气质决定，或者误以为气质能够改变。改变孩子气质的动机背后，隐藏着父母的焦虑。大多数情况下，父母会将自己的气质投射到孩子身上。一旦在孩子身上看到自己的缺点，就无法忍受。父母觉得自己的性格已经无法改变，但孩子还小，误以为可以改变孩子的性格。实际上，父母连自己的性格都无法改变，怎么就确信能改变孩子的性格？

气质是一种素质，是一个人与生俱来的最擅长也最合适的"生存技巧"。气质不是自己选择的，而是由上天赐予、与生俱来的。人生最重要的事莫过于生存。难道性格内向的人更难生存吗？必然不是，只是生存方式不同。有人喜欢站出来，也有人喜欢躲起来。正如强壮的老虎可能濒临灭绝，胆小的兔子反而到处都是。妈妈必须接受孩子天生的气质。兔子般乖巧的儿子不可能变成猛虎般强悍的孩子，小熊般憨厚的女儿也不可能被培养成狐狸般精明的孩子。内向孩子的生存技巧本就是稳定、安全的，被妈妈推出去"战斗"，这样的孩子该如何自处呢？

妈妈之所以想改变孩子的气质，还有一个原因是妈妈的欲望和焦虑。例如希望孩子飞黄腾达的欲望或担心孩子被淘汰的焦虑。但不管是出于欲望还是焦虑，都不应与孩子的气质对抗。妄想改变孩子的气质，等同于子女教养还没开始就宣告失败。那些能够接纳孩子天生气质的妈妈才是顺应自然的明智妈妈。

认真地观察自己的孩子，孩子的身体里到底"住"着谁呢？你是不是将一个你讨厌的人投射在孩子身上，然后感觉到不满意、憎恨、忧虑呢？是不是像个修理工一样，每天都在"修理"有问题的孩子或感觉要出问题的孩子？是不是无端地消极看待纯粹的孩子？觉得自己的孩子胆小、长不高、学习成绩不好……是因为觉得自己的孩子是"不合格产品"，所以想要"修理"孩子吗？其实，需要改变的不是孩子，而是妈妈。要知道，出问题的并不是孩子，而是妈妈的视角、妈妈的心态以及妈妈的想法。只要妈妈的焦虑、欲望和偏见得到纠正，就会发现孩子其实什么问题都没有。作为妈妈，只要原原本本地相信自己的孩子就可以。无论孩子有什么样的缺点与不足，都要坚信孩子能以那样的姿态幸福、勇敢地活着。妈妈的信任能让孩子充满自信。

孩子听到的不是嘴上的话，而是心底的话

网络咨询论坛中有篇关于"如何对待胆小的孩子"的文章。文章认为小心谨慎并不是坏事，不要让孩子畏缩，要经常鼓励孩

子"你一定能做好，我相信你"，让孩子充满自信。这篇文章讲的内容看上去很有道理，其实暗藏"陷阱"。妈妈们一定要睁大眼睛，辨别埋在暖心安慰中的"地雷"，千万不要不假思索地学习。如果小心谨慎的性格并没有哪里不好，不去在意就行了，用不着提及它是好是坏。将这样的话说出口，反倒成了认为孩子胆小并不好的证据。明明嘴上对孩子说"没问题，你能做好"，心里想的却是"孩子根本做不好"，真是煞费苦心。

话语分为"嘴上的话"和"心底的话"。"嘴上的话"是指直接说出来的话，"心底的话"则是内心深处真正的想法。嘴上明明说着"没关系，相信你"，心里想的却是"并不是没关系，我不相信你"。心底的话是一种感觉和气味。嘴上说着"没关系"，心里却散发着很介意的气味。孩子真正听进去的，不是妈妈嘴上说的话，而是妈妈内心的真实想法。嘴上说的话只会从孩子的耳边掠过，心底的话才会留在孩子心里。

正因如此，妈妈们尤其要注意自己是否心口一致，这也是对自己潜意识的观察。严格来说，是观察前意识。虽然在意识中认为孩子不错，但如果仔细地观察前意识，就知道自己究竟是真的觉得没问题，还是假装没关系。心口一致的妈妈才是真正的好妈妈。

有些妈妈很疑惑："我明明尽心尽力地教养孩子，为什么孩子会变成这样？"这样的悲剧往往缘于妈妈心口不一，嘴上说着"妈妈的宝贝最棒"，心里却想着"这孩子可怎么办"。换句话说，是妈妈亲手给孩子戴上了"不合格产品"的紧箍咒。抱着这种心态给予的母爱也会充满担忧与焦虑。

气质是自发性的

　　气质是自发性的。自发性是让人主动作为的内在力量，存在于身体之中，从体内开始驱动，会在思考之前通过身体给出反应。气质是与生俱来的、最适合自身的能量，是自发性的个体存在方式。对孩子来说最重要的就是自发性，甚至可以说，孩子就是自发性本身。

　　一个周日，我因有事去了趟工作的医院。那天，总务科长带着五岁的女儿一起值班，小女孩正坐在她爸爸的座位上用电脑看动画片。我对她说："好漂亮的小姑娘，你叫什么名字呀？"她耷拉着脑袋，拼命往椅子里缩，十分害羞。同事见状赶紧说："快跟院长伯伯问好。"小姑娘蜷缩得更厉害了，悄悄抬头看我一眼，又将身体藏起来。"怎么不向院长伯伯问好？"她的父亲再次催促，但孩子仍然低着头不动。我笑着说："哎呀，真可爱！下次再打招呼吧！"然后走出了办公室。

　　那个孩子的蜷缩就是一种自发性。不是只有向外施展的行为才是自发性行为，向内蜷缩也是自发性行为。蜷缩的行为就是孩子身体的自发反应，在她思考之前、辨清对错之前、父母说话之前，身体给出的自然反应。这种行为是孩子的最佳反应，也是孩子的生存方式。孩子的脑海中或许会浮现出"妈妈说过要向初次见面的人打招呼"的想法，却无法反抗身体的自发性反应。如果嘲笑这样的孩子是连招呼都不会打的傻瓜，会摧毁孩子的生存方式。再说回那个孩子的事。那天，过了一会儿再见到她时，她开心地笑着向我问好，和我聊得很好，还四处跑跑跳跳。原来，适应了陌生环境的她是那么活泼。只要像这样不过多干涉并且等待，向外发力的自发性就会显露出来。

聪明的父母会尊重孩子的自发性，并且擅长应对孩子的自发性反应。能将孩子的畏缩行为视为自发性反应的妈妈非常了不起。不是嘴上说着没关系，心里却焦虑不安，而是发自内心地尊重孩子的自发性。怎样才能尊重孩子的自发性？摘下认为孩子胆小的有色眼镜，不将胆小的印象投射到孩子身上，不带任何偏见地看着孩子原本的模样就可以。妈妈的这种心态会让孩子尽情地施展自发性力量。如果妈妈无法将孩子的畏缩行为看作自发性反应，从而担忧这种行为，并且想纠正，孩子就会因觉得妈妈不喜欢上天赐予自己的"礼物"而十分痛苦。

总而言之，气质是孩子与生俱来的生存战略。无论孩子是调皮的、胆小的或是害羞的，都是拥有独特性格的完整体，即便父母不满意，也是最适合孩子的。

有这么一种说法：聪明的妈妈努力改变自己，愚笨的妈妈努力改变孩子。

性格内向和外向的标准

　　性格内向与外向很难一分为二地区分开来，这种区分也毫无意义。重要的是如何让内向的力量和外向的力量协调地发挥出来。

　　前不久，我和上大学的女儿就性格的话题聊了聊。我一直觉得女儿是一个内向的孩子，因为她从小就没多少朋友，总是很安静。从小学到中学，女儿对竞选班干部也毫无兴趣。唯一一次竞选还是小学四年级的时候，她被我妻子怂恿着参加了竞选班长，最终只获得了两票，落选了。

　　我问女儿："你觉得你的性格是外向的还是内向的？"

　　女儿回答道："这个嘛……好像两种都有。"

　　"如果只能回答一种呢？"

　　"啊……不知道。"

　　"那你觉得你的外向体现在哪些方面？"

　　"我和朋友们在一起的时候就很健谈，他们也很喜欢和我相处。但是我不擅长跟初次见面的人打交道。如果外向指的是能够迅速地跟初次见面的人打成一片，显然我并不外向。那种场合，我连主动聊天都做不到。"

　　"在展现自我方面怎么样？"

　　"我不是那种善于表现自己的人。"

　　"你从小就不喜欢发言，老师在课堂上提问或者找人帮忙干活儿，你都不会举手，对吧？"

"对，就算知道答案，我也不会举手。有些孩子连答案都不知道就举手抢着回答，我弟弟就是这样，我觉得他是真正外向的人，初次见面也能跟人聊得不亦乐乎，即使是不擅长的事也会主动站出来。"

的确，女儿很难被认定是外向的人。即使是在和朋友的家庭聚会上，她也不会主动跟别人打招呼，如果没人和她搭话，她甚至可以一句话都不说。

但我儿子的确很外向。有件关于儿子的事至今让我印象深刻。当时儿子还在读小学二年级，有次放学回家，他跟我们说要代表学校参加游泳比赛。可那时候我儿子连浮在水面上游出十米都很困难，他竟然要去参加游泳比赛，真是让人难以置信。

"你游得不好，怎么参加比赛？"

"老师问有没有同学想参加游泳比赛，四周都没人举手，我就直接举手报名了。"

"但你根本不怎么会游泳啊，你打算怎么办呢？"

"不，爸爸，我很会游泳。"

"真的吗？好吧，那你加油。"

就这样，比赛当天，儿子带着泳衣出门了。对于儿子能否游完全程，我既怀疑又担心，但觉得这对他来说是一次很好的经历。比赛结束后，儿子一到家就兴奋地夸耀自己做得很好。原本一直是最后一名，但中途有个参赛者弃权，儿子就得了倒数第二名。真是太神奇了。

　　我摸了摸他的头，说："嗯，你真棒！"虽然不擅长游泳，却有勇气代表学校参加游泳比赛，真是难能可贵。

　　过了一个月左右，某天晚上下班回到家，我发现妻子的表情十分严肃。原来，那天妻子和儿子的班主任面谈，聊到了儿子因游泳比赛由倒数第一变为倒数第二而感到骄傲的事。结果老师笑着说，不知是什么原因，选手名单漏掉了儿子的名字，他虽然去了比赛现场，却没能上场参加比赛，只能坐在观众席上。也就是说，儿子对我们说谎了。

　　妻子满脸担忧地问我："怎么办？跟儿子说我们知道了真相，然后严厉地训斥他？"

　　我也很苦恼，到底该怎么办呢？盘问他为什么要说谎，还是狠狠地教训他一顿，让他不敢再说谎。真是很难办。妻子又问："怎么办啊？这时候你不是应该知道怎么做吗？"

　　就在我默不作声苦苦思索之时，妻子突然丢下一句话："你到底是不是精神科医生？"

　　思来想去，最终我还是决定假装不知道这件事情。其实我也说不出原因，但我就是想这样做。如果孩子变成"说谎精"该怎么办？我想，我对他有信心。

　　我儿子就是如此外向，但是太过外向也会有问题。儿子上初中后，有一天我们不知道在聊什么，话题突然转到当年的那场游泳比赛上。他向我坦白，当时他其实是在说谎。看来，这件事他也一直记在心里。

他难为情地说出实情后，问我："爸爸还记得那件事吗？"

我装出一副毫不知情的样子，若无其事地回答道："有这样的事吗？我不记得了。"

再说回之前和女儿的对话。

我问她："你觉得我是什么性格？"

"爸爸好像是外向的性格。我虽然和朋友闲聊时很开心，但如果让我在很多人面前发表讲话，我什么都记不起来，一句话也说不出来。可是爸爸讲课讲得很好，还很擅长执导心理剧。"

"其实爸爸也会紧张，只是现在好多了。我觉得我只是看上去外向，但其实是内向的人，喜欢一个人待着，容易想太多。"

"爸爸好像戴着'外向'的假面，有种假装外向的感觉……"

"对，我的外向就像表演，想让自己看上去外向，可怎么看都不太自然，多少有种戴着假面的感觉。和别人相处的时候看起来很开心，其实离开那种场合会更舒服。我更喜欢独处。"

别人不了解的我

我是个内向的人，虽然为人处世相当不错，但内心十分谨慎。可以说我是一个集内向和外向于一体的人。我从小就是这样，会在课间逗朋友们笑，也会因为害羞而不敢去朋友家玩。

到现在我也没多大变化，虽然别人觉得我很外向，但我却因别人不知道的内向问题而苦恼。从表面上看，我四处演讲、执导心理剧，看似勇敢无畏，其实心里总是焦躁不安。我努力想改掉这种内向，但并不见效，现在给别人打电话，还是会莫名其妙地忐忑不安。如果对方不接电话，等待的时间久了我就会焦虑，没等转到语音信箱的提示音响起就会挂掉电话。最近，我甚至特意训练自己在接电话时等转接语音信箱的提示音响起再挂电话。说起我的内向表现，还不止一两件事。在商场里买衣服，试穿几件之后，即使自己不是很喜欢，也会因为不好意思而买下来。在车站里看到排长队的出租车，会因为不好意思说要去近的地方而选择坐公交车。我在发表讲话时也会焦虑，上台前就开始忐忑不安，后悔为什么要答应来演讲，甚至开始考虑要不要取消。有时去参加一些感兴趣的学会，但又怕和陌生人打交道，我只好中途掉头回家。这都是别人不知道的我。到了这个年纪，我还在为这种内向的问题而苦恼。做了30多年的精神科医生，一直努力想克服内向，虽然略有好转，却依旧没取得多大的进步。

之所以讲述我的故事，主要是想强调：人的性格在小时候就基本定型了，很难改变。补充、完善自己的性格是一个人一生的成长课程，不是父母干涉就能解决的事。

用"1度法则"拯救孩子

　　孩子的缺点不应被视为关键性的缺陷，而应看作孩子的自然样貌。胆小、说话慢、个子矮、性格孤僻……戴上这样的有色眼镜，很容易散发焦虑的气味。这种担忧不是想停就能停的。用积极的心态看待孩子的缺点是非常困难的事，但这是父母的重要职责。不要为了改变孩子的缺点进行斗争，而应该与认为孩子的缺点有问题的心理进行斗争。无论孩子多大，即使已经20多岁也一样，父母必须摘下"孩子有问题"的有色眼镜。

　　试着接纳看似问题百出的孩子吧。不要将孩子视为"问题儿童"，接受孩子现在的模样就是他最好的样子这一事实。这种心态能让孩子重新找到自我，孩子的生命力、自发性也会重新迸发。这并不容易，改变妈妈的心态就像移山一样困难。妈妈连移开落在孩子身上的视线都很难，更别说改变心态。明知做不到，也不必自责，毕竟世界上称心如意的事不足百分之十。从我的经验来看也是如此。我一直在尝试改变自己的心态和性格，然而像我这样的专业精神科医生努力了数十年都做不到。

　　在努力成长的道路上，我制定了一个"1度法则"：不要想一步就转变180度，这是不可能的，只要努力改变人生中的1度就好。但是，这种努力不能停止。虽然一次只改变1度，但是长年累月就会达到10度的改变，甚至更多。重要的不是自己改变了多少，而是努力改变的决心。拥有这样的决心，就能在自我反省中成长。这个法则同样适用于父母，如果父母散发反省和成长的气味，孩子也能学会在反省中自我成长。

小贴士　文句完成法

心理学中有一种"文句完成法"，要求测试者在读完题目后想到什么就写下什么，将句子补充完整即可。答案可以有多个。

请试着将下面的句子补充完整。

我觉得我的孩子＿＿＿＿＿＿＿＿＿＿＿＿＿＿＿

我不喜欢孩子的＿＿＿＿＿＿＿＿＿＿＿＿＿＿

我看到孩子会＿＿＿＿＿＿＿＿＿＿＿＿＿＿＿＿

跟其他孩子相比，我的孩子＿＿＿＿＿＿＿＿＿＿

如果你的答案中有负面内容，请思考以下问题：

你不满意是因为孩子天生的气质，还是在孩子身上看到了某个人的样子？这个问题是否可以通过妈妈的努力得到改变？这种改变是否会打击孩子的自发性和自尊心？你是否愿意不再将孩子的"问题"当成问题？

第二章

妈妈的"超我"

超我是一种追求善良与正确的精神技能。
"控制你的欲望!""不要给邻居添麻烦!"
"要做个好人!"……
这些都是超我的常见口号。
超我要求抑制本能与欲望,追求善良,
可谓"心中的警察"。

我是一个怎样的妈妈

我的心里"住"着三个人

现在，可以开始学习弗洛伊德更深层次的理论。弗洛伊德将人类的心理划分为意识、前意识和潜意识三个部分。但在治疗患者的过程中，出现了不能仅凭这个理论进行解释的现象。弗洛伊德经过进一步研究，提出了新的"人格结构理论"。这是理解人类心理的核心理论。可以说，不了解人格结构理论的人对心理学一窍不通。

根据人格结构理论，弗洛伊德认为人格由三个部分组成，即本我、自我和超我。这三个部分在人的心中动态地相互作用，任何一方过强或过弱都可能会引发心理问题。

以我本人为例，根据弗洛伊德的主张，尹宇相不是一个"人"，而是三个"人"，也就是说，在尹宇相的精神世界里，住着超我尹宇相、自我尹宇相和本我尹宇相。

超我是一种追求善良与正确的精神技能。"控制你的欲望！""不要给邻居添麻烦！""要做个好人！"……这些都是超我的常见口号。超我要求抑制本能与欲望，追求善良，可谓"心中的警察"。正如没有警察，世界就会变得混乱无序一样，如果没有超我，人类内心的动物本能将肆意妄为。超我是成熟的社会意识的基础，也是促进文明发展、维持社会稳定的必要精神技能。

超我有两种属性，一是道德和伦理，二是自我理想。这里所说的道德和伦理指的是脑海里有关道德和伦理的概念，是一种远离恶、追求善的技能。自我理想则是督促自己追求理想化自我的技能。超我还负责实施惩罚。如果自身违背了道德和伦理，或者没有达到自己的理想状态，超我就会惩罚自我。

本我指人类的动物本能和吃饭、睡觉、喝水、性等原始欲望。人类心中都潜藏着动物性欲望，以及自私、以自我为中心的倾向。

将"自我"当成"我"来理解即可。现在正在看这本书的"我"就是自我，可以当作"有意识的我"。自我就是那个决定做什么或不做什么的决策者及执行者。但决策者可不怎么好当，因为做决定本身就是一件很难的事。

自我常常因靠向本我还是超我的抉择，陷入精神冲突。所谓的精神冲突，大多是夹在本我与超我间不知所措的自我冲突。总的来说，"我"不是单纯的我，而是超我、自我和本我三者不断争辩、不断妥协的复合状态。健康的自我能够施展优秀的交际手段，恰到好处地控制本我与超我。

三个"我"之间的冲突，令妈妈痛苦不堪

"最近吃吃睡睡又没怎么运动，肚子上长肉了。这可不是闹着玩的，马上开始减肥！"于是你将明星的腹肌照贴在镜子旁，用来督促自己。这就是超我的属性之一——自我理想。超我塑造出一个理想中的自我形象后，就会下定决心，叮嘱自己一定要成为那样，如晚饭后绝不吃东西等。

坚持三天后，到了第四天，电视上的美食节目正在探访一家蛋糕店，屏幕中的蛋糕仿佛正在你的嘴里溶化。看完节目后，你刚好在冰箱里发现一块吃剩的蛋糕。本我诱骗着说："吃吧！吃吧！"刚要送入口中，超我突然出现："不行！不能吃！"自我夹在中间左右为难，不知到底吃不吃。虽然自我是决策者，但总是毫无主见。在本我和超我的拉扯中，自我最终选择了本我，你吃下了蛋糕。在吃蛋糕的瞬间，本我的欲望得到了满足。得到满足的本我立即烟消云散，随之出现的是放大了数倍的超我："真不像话，连这样的约定都无法遵守，你就继续胖着吧！"接着便进行惩罚：你将冰箱里剩下的面包拿出来吃掉，又吃了拉面，还加了饭一起吃。你并不是因为好吃才会吃，而是抱着"算了，随便吃吧，就让我胖着吧"的心态吃下的。超我给予自我胡吃海塞的惩罚，是一种自虐的表现。自责和自虐都是超我惩罚自我的方式。

我们生活在超我、自我、本我的矛盾冲突中。在这种矛盾中

反复遭殃的就是自我。

在妈妈的人生中，也有超我和本我之间的争斗。虽然下定决心不对孩子动手，但只要孩子不听话，本我妈妈就会出现，生气地打向孩子的后背："为什么不听妈妈的话？！"冷静下来后，超我妈妈便会出来责备自己："你是不是疯了？你有资格当妈妈吗？"随后便陷入无尽的自责。

自责，顾名思义就是自己责怪自己，但从心理学角度来看，其实是超我在责怪自我。明明超我的目标是成为一个慈爱、高尚的理想中的妈妈，现实中却是一个总是大喊大叫、爱动手的本我妈妈。超我妈妈可看不惯这一切，通过"你有资格当妈妈吗？""孩子会被你毁掉！"等话语来制造焦虑与自责，惩罚自我。妈妈在超我、本我和自我的三角关系中，痛苦不堪。

超我妈妈的特征

简单了解弗洛伊德的人格结构理论后，接着介绍一下这个理论与教养孩子有什么关系以及妈妈的超我、本我如何影响孩子。

一方面，超我可以看作一个善良的人，懂得克制欲望，遵守法律和伦理，努力成为更好的人。相反，本我是自私、欲望的化身。乍一看，会认为超我是好的，本我是坏的，但这两个概念不该被这么简单地划分。本我并非恶，而是求生的原始力量，也是活得开心的动力。拥有这股力量，才能在欲望、享受和争斗中生存。只有无法掌控这股力量，让自身陷入危险中或伤害他人时，才会出现问题。另一方面，也不能单纯地将超我看作善。健康的超我可以克制欲望、让自己成长、与别人和谐共处。但如果超我过于强大，也会成为一些问题的导火索。例如，妈妈的超我过于强大，孩子就会活得很累。

为了方便阅读，下面将超我比较强势的妈妈称为"超我妈妈"。这类妈妈的特征大致是这样——有道德感；小心翼翼，怕被人讨厌；追求完美，重视原则和规则；价值标准高，重视发展和成长；比起趣味更注重意义，克制欲望，快乐时反而不自在；经常自我反省。超我妈妈的这些倾向，看似都是很好的品性，但并不是只有好的方面。

如果超我过于强势，人生就会变得很沉重。一直压抑着内心的欲望，会让人莫名紧张、沉闷。快乐时不自在，就不懂得享受乐趣。追求完美，因此无法容忍失误，也会时常感到自卑。经常自我贬低，也很在意他人的眼光，容易自责。超我太过强势的妈妈总是在潜意识里监视自己做得好不好。

这样的妈妈对孩子的要求同样十分严格。在她们眼里，只有明确的对与错，她们是随时都想教导孩子的正解型妈妈、矫正型妈妈。即使让孩子看漫画书，也会选历史漫画书这类书。每当看到孩子无所事事、得过且过的样子，都会觉得不像话。不能容忍孩子做事马虎、粗心大意。

　　一般情况下，超我妈妈会以什么模样出现呢？可以分为以下几类。

追求完美的妈妈：“你为什么会是这个样子？”

　　在拥有强势超我的妈妈中有一种追求完美的妈妈。这类妈妈的标准很高，注重原则与规则，无法容忍过错。她们事事盯紧孩子，视线紧跟着孩子不放，用“做没做”“做得好不好”来评价孩子。

　　追求完美的妈妈会跟孩子强调该做的和不该做的，将孩子的绝大部分生活划分到这两个范围内。妈妈也会以此为标准来评判孩子，该做的事没做好就是“没出息的孩子”，做了不该做的事就是“坏孩子”。在这样的高标准下，妈妈总是用审视的眼光打量孩子，也总是对自己的孩子不满意。妈妈这样对待孩子，很容易让孩子有“我做错了什么吗？”或是“我应该做得更好”的想法，过度自省导致严格的超我形成。达不到妈妈的标准，会责备自己“没能力”，陷入“我很差劲”的自卑感之中。孩子会将训斥自己的妈妈形象刻在脑海中，就像在现实生活中被妈妈责备一样，自我会在脑海中被超我批评。就这样，“妈妈的超我”变成了“孩子的超我”。

　　追求完美的妈妈并不温暖。即使她们内心有温度，孩子也体会不到，短暂感受到一些温暖后，又会瞬间被"你为什么会是这个样子"之类的话语泼一身冷水。这是一种不知何时就会突然冷却的温暖，令孩子充满不安。

严厉的妈妈："做错事就要被惩罚。"

追求完美的妈妈"升级"后，会变成严厉的妈妈。病态的超我妈妈会以严厉的形象出现，特点是无法容忍任何错误、标准极高。

严厉的妈妈和一般妈妈不太一样，看上去端庄、有教养，内心却冷酷无情。她们不断控制孩子、压迫孩子，教训孩子也从不心软。有时，为了纠正孩子的错误，她们甚至会使用暴力。这一切，都会让恐惧的种子在孩子的心中生根发芽。

虽然一些严厉的妈妈主张"绝不使用暴力"，然而语言暴力和眼神暴力远比肢体暴力可怕。那种表达"你算什么东西"的语气和眼神让人不寒而栗，虽然没有真的动手打孩子，却用残忍的话语和冷漠的眼神让孩子"遍体鳞伤"。严厉的妈妈认为自己是追求正义的人，深信自己的行为是正确的，往往不知道自己有问题。

当然，现实生活中严厉的爸爸更多。在这里简单聊一下有关爸爸的事。男人通常将力量视为最高价值，他们重视根据力量排位的等级秩序，强调命令与规则。因此，爸爸对孩子，尤其是儿子的最重要的评判标准就是能力。超我较强势的爸爸多半戴着"能力"和"规则"的有色眼镜。每当孩子看起来能力不足或不听话时，爸爸就会变得冷酷无情。

有一次，一位大学生前来向我咨询。他就读于一所名牌大学修经营学专业，正在准备会计师考试，因出现了严重的焦虑和抑郁症状而前来咨询。他非常聪明，似乎早就分析过自己的心理问题，认为自己的心理问题缘于父亲。或许是对父亲心怀愤恨，整个咨询过程中，他都将自己的父亲称为"那个人"。

"我觉得那个人是万恶之源。我上小学二年级的时候，有一次拿买练习本的钱去买饼干吃，谎称弄丢了钱，结果被他识破了。他骂我是浑蛋，为了让我不再犯错，毒打了我一顿，对我的祈求置之不理……当时我觉得那个人根本不是我的父亲。他还会将我绑在椅子上，逼我学习，经常说我没出息。他不仅针对我，还经常辱骂我母亲懒惰。但是，在外人眼里，他经常去教会，大家都觉得他是一个好人，简直就是有双重人格。我甚至想过总有一天要报复他。"

这位父亲就属于严厉的超我爸爸。无情地打骂说谎的孩子，将孩子绑在椅子上逼迫学习，指责妻子懒惰……只要触犯了他心中正直、诚实的原则，他必定严惩不贷。

病态超我的一个特性是对极小的错误也会施以严厉的惩罚。有一位爸爸因为五岁的孩子说谎，就扒光孩子的衣服进行殴打。

这根本不是教训，而是暴力。

　　病态超我还具有双面性，虽然精神上追求正确、正义，行为却很无情，在教会里戴着一副慈悲的"面具"，在家里却是"暴君"，虽然主张追求善良与正义，行为却充斥着暴力与专断。上述事例中的爸爸对孩子使用暴力，算是严重的病态型超我父亲。但他本人可能对此毫不知情，反而认为自己是正义的人。

　　这类父母并不少见，不过在程度上有所区别。即使不使用暴力，他们也通常用自己的高标准苛待孩子，完全感知不到自己有多冷酷无情。在这样的家庭环境中成长的孩子，一般都没什么朝气，爱看别人的脸色，做事畏首畏尾，即使表面上没有显露出来，内心也满是恐惧与不安。

　　如果妈妈以做没做、做得好不好为标准来评估孩子，孩子会变得很敏感，经常看妈妈的脸色，容易自责。虽然想成为好孩子，却无能为力，潜意识中暗藏着怕被妈妈抛弃的恐惧心理。这些妈妈往往不知道孩子有多希望能得到她们的肯定，也不知道被妈妈否定的孩子内心有多悲凉。

　　每次被问起是否爱自己的孩子，这些妈妈都会给出肯定的回答。既然爱孩子，为什么要用轻蔑的眼神和刻薄的语言伤害孩子？又为什么轻视孩子、嘲讽孩子？嘴上说爱孩子，实际上却不断地打击、轻视、责骂孩子。

妈妈的蔑视会摧毁孩子的灵魂

严厉的妈妈往往会蔑视孩子。偶尔觉得孩子很烦或对孩子发脾气其实很正常，但严厉的妈妈蔑视的程度完全不同，是没拿孩子当人看，否定孩子的存在。蔑视是人际关系中最恶劣的行为，更何况是蔑视自己的家人。被最亲近的家人蔑视，会让孩子如同身在炼狱般痛苦。

蔑视孩子的妈妈，往往不知从何时开始，莫名看孩子不顺眼：起初只是疑惑"孩子怎么会这样"；戴上"不满意"的有色眼镜后，会认为孩子"真是太不像话"；如果尝试纠正孩子的行为却毫无成效，就会死心，认为孩子"不可救药"；再发展下去就会出现"不拿孩子当人"的蔑视。处于死心阶段的妈妈都还可以接受，因为即使妈妈死了心，孩子也能靠自己生存下去。但蔑视会践踏孩子独立生存的能力，摧毁孩子的灵魂。

为什么妈妈会蔑视心爱的孩子？孩子究竟做错了什么，竟然连存在都要被否定？孩子的错误严重到不配被当作人看待吗？充其量只是成绩不好、不听话、该做的事没做好。

世界上没有一个孩子应该被蔑视。蔑视完全是一种投射行为。这是因为妈妈用高标准要求孩子，问题不在于孩子，而在于妈妈。妈妈越蔑视孩子，孩子就越想畏缩或反抗，这种让妈妈看不顺眼的形象越会激起妈妈的蔑视，形成恶性循环。妈妈坚信，只要孩子改变了，就不再有蔑视的理由。然而，妈妈的有色眼镜一天不摘，孩子的任何努力都是白费力气。

追求完美的妈妈、严厉的妈妈不知道自己是怎样的妈妈，也不知道自己哪里有问题。她们不清楚自己的标准、价值观、信念会以多么残酷的超我模样展现在孩子面前，许多人甚至认为自己是好妈妈。超我妈妈想培养出优秀的孩子，最后却让孩子"生病"了，还会疑惑明明给孩子灌输了好的想法、积极的观念，教给了孩子正确的行为，为什么孩子却"病"了。这种妈妈太"危险"了。

超我又被分为进攻型和被动型，追求完美的妈妈和严厉的妈妈就属于进攻型。那么被动的超我妈妈又是什么样的？那就是爱面子的妈妈。

爱面子的妈妈："别人会怎么看？"

爱面子的妈妈一般都是焦虑型的超我妈妈，十分在意他人的眼光。她们觉得孩子也是妈妈的面子之一，孩子有问题代表妈妈也有问题，因此对教育问题十分重视，生怕别人认为自己没教好孩子。

有一次，我在咖啡厅里和一位妈妈聊天。她让孩子向我问好，孩子却躲在妈妈身后默不作声。妈妈将孩子推到我面前，说："要向老师问好。妈妈说过，就算是初次见面，也要有礼貌。"孩子依旧撇着嘴不吭声。这位妈妈居然轻轻按着孩子的头，让他向我鞠躬。孩子因为我而受到责备，让我有些不知所措。

　　有些妈妈对孩子向人问好这件事非常在意：出门前不忘嘱咐"一定要好好跟人打招呼"，回家后也要问"有没有打招呼"，带孩子去参加聚会，会问孩子："你怎么不跟别人打招呼？"虽然礼节教育很重要，但这种程度的教育已经超越了单纯的礼节教育。其中隐藏着妈妈的焦虑——担心被人指责"孩子没礼貌，妈妈没教好"。

　　很多人将问好视为家庭教育的内容。在一些妈妈论坛中，经常能看到有关教育不爱问好的孩子的建议，例如，妈妈自己要先大声地问好，孩子才会跟着问好。还有人建议可以轻按孩子的头，让孩子养成问好的习惯。真的有必要强按着孩子的头让他们问好吗？

　　言归正传，想想为什么要向人问好。因为开心？因为不打招呼会被指责？还是因为这是社会习俗？孩子还不懂什么是社会习俗，也不知道不这么做会被指责，只是单纯地因为见到陌生人、心情不好或者比较害羞而不想问好。有些孩子会落落大方地向初次见面的人问好，有些孩子会恭敬地鞠躬，也有些孩子因为害羞而扭扭捏捏的，或者躲在妈妈背后不敢出来。这些都是孩子的自发性行为。

　　有爱打招呼的孩子，也有不爱打招呼的孩子。孩子们有自己的"标准答案"。有些妈妈担心3岁的习惯会持续到80岁，但是，问好并不是一种习惯。小时候，问好是自发性行为，长大后则是一种社交技能。问好这种行为是人长大后不想做也要做的事，可不可以让孩子在小时候随心所欲呢？

孩子不爱问好该怎么办？如果孩子听到"快向妈妈的朋友问好"后还是没反应，说一句"那下次再问好吧"即可，不要再说孩子很害羞或者很胆小之类的话。为什么要对孩子不想问好的行为进行辩解，而且是用贬低的方式？是想辩解这不是妈妈的问题，而是孩子自己的问题吗？只是因为孩子没有问好，就成了妈妈口中害羞、不大方、怕生的孩子吗？在那种情况下，妈妈即使心里有些不舒服，也要忍住不说，将不安留给自己，别留给孩子。

妈妈不可能没教过孩子问好，更不可能教孩子绝对不要问好，肯定会告诉孩子见到人要问好，妈妈将该做的事都做了，有关这方面的家庭教育就完成了。因为孩子不愿问好就训斥、惩罚、恐吓孩子，不是正确的教育方式。孩子不愿意低头问好，妈妈就该按下他的头吗？这样其实会扼杀孩子的自发性。孩子就是单纯地不想低头问好，妈妈只要接受这个事实即可。可以这么想：虽然不知道孩子为什么现在不愿意问好，但是长大后再不济也能达到我现在这样的礼貌程度。只要这样想就好。

不同情况下问好的原因各不相同，结果也不一样。幸福的超我见到对方感觉快乐，也很享受问好这件事，是因为开心而问好；恐慌的超我害怕不打招呼会被人说没礼貌，是因为不安而问好。同样都是问好，前者会成为落落大方的孩子，后者则会成为焦虑不安的孩子。

　　过于注重面子的人，往往都是爱看别人脸色的人。爱面子的妈妈总是教育孩子见人要问好、说话要小心、要有礼貌、在长辈面前要坐得端正。妈妈教育孩子有礼貌是理所当然的好事，但应该从潜意识的角度来分析，进行这种教育是为了教出能和他人和睦相处的孩子，还是单纯地为了维护自己不想被别人指责家庭教育有问题的面子？

　　同样的教育内容也会因方式不同，导致结果出现很大的差异。是肯定的教育还是否定的教育？是促进成长的教育还是强化焦虑的教育？后者会让孩子变得紧张、畏缩，因为过度在意他人的看法而无法与他人轻松地相处。孩子会不停地想着别人会怎么看他、会不会失误等，这种看别人脸色行事的想法会在内心根深蒂固。这样的孩子虽然看起来彬彬有礼，但内心永远处于紧张的状态。正是妈妈焦虑的超我将这种焦虑的姿态传递给了孩子。

小贴士　孩子的自尊心有多少分？

　　你会为孩子的自尊心打多少分？

　　请写下打这个分数的理由。满分是100分，如果你认为孩子只有60分，那就表示在你的潜意识中，孩子就是60分。这个分数就是妈妈的气味。如果妈妈散发60分的气味，孩子就会成为60分的孩子。

妈妈们都知道孩子的自尊心非常重要。那么，怎样才能增强孩子的自尊心？有一个非常简单的方法：父母给孩子打多少分，孩子的自尊心就是多少分。平时，父母不会给孩子打分，孩子的平均分数却潜藏在父母的前意识里。有意识地成为客观的观察者，洞察自己的内心，就能察觉自己给孩子打的分数。请正视这个分数，因为这就是孩子自尊心的分数。

是否因为妈妈的要求过高，导致孩子的分数被低估了？请以孩子的标准重新打分。这次会打多少分？分数依然很低吗？如果是这样，孩子可能一辈子都很难摆脱这个分数。

妈妈的"自我理想"
对孩子的影响

我的孩子不见了！

每个人的心中都有一个理想化的自己，"自我理想"是超我的特性之一。尽管现实里的自己其貌不扬，超我中的自己却是一个出色的人。

自我理想是成长过程中不可或缺的要素，是驱使自己成为理想形象的动力。但是，如果自我理想过高，超我就会蔑视、折磨现实中的自我。超我妈妈不仅压迫自己，还会将自我理想投射到孩子身上，责骂孩子没出息。

"希望他既能考100分，也能当班长。毕竟他是我的儿子。"一位中学生的妈妈向我咨询时曾这么说过。所有妈妈都有这样的想法，因为在妈妈的潜意识里，住着一个理想中的孩子（实际上就是"完美的孩子"），认为"我的孩子应该达到这种程度"。但是，孩子一天天长大，距离理想中的孩子却越来越远，于是妈妈越来越失望。

　　在妈妈的潜意识中，那个理想的孩子仍旧存在，现实中的孩子似乎在逐渐发生变化。妈妈看着现实中的孩子，会产生"我的孩子怎么会这样""孩子很奇怪"的想法。这正是因为现实里的孩子与妈妈潜意识里的理想孩子形象不符。

　　妈妈的自我理想还会以所谓"期待值"的名字出现。如果孩子达不到期待值，妈妈就会很失望："孩子怎么和我想的不太一样？"这时应该尽快清醒过来，告别理想中的孩子，客观地看待现实里的孩子。妈妈却做不到。在妈妈的潜意识中，理想中的孩子才是自己的孩子，现实里的孩子被当成奇怪的孩子。妈妈的潜意识会暗示自己："我的孩子不见了！"

　　妈妈的潜意识认为，理想中的孩子不见了，只剩下奇怪的孩子，必须让眼前没出息的孩子变回原本的理想模样。于是，妈妈变得十分严苛，甚至到了让旁人讶异的地步。但是，在妈妈的潜意识中，眼前的孩子并不是自己的孩子，如何严苛地对待都不会觉得心疼。

超我也会遗传

　　据报道，一名高二的男孩因为成绩退步，做出了极端选择。原本他是年级前十，但上了高二之后，成绩降到了全校50多名。

他无法承受这样的落差，最终选择结束自己的生命。听到这个消息，倒数第一的学生大概会这样想："要是我考了全校第五十名，我妈妈可能会吓晕……"

对于那个轻生的学生来说，理想中的自我是一个每次都能考全校前几名的尖子生，全校50多名的那个人并不是他自己。正因为不是他自己，放弃生命也没关系。从心理学的角度来看，是理想中的超我放弃了"差劲"的自我。一名高二学生的超我究竟有多严苛，才会让自己走上轻生的道路？

父母的超我会进入孩子的大脑。父母严格的超我会从心理上遗传给孩子，让孩子也拥有严格的超我。这种遗传的机制是：父母将自己的高标准理想投射到孩子身上，孩子为了达到标准而苦苦挣扎；如果孩子达不到父母的期望，父母就会责怪孩子；这种模式反复出现，父母的超我就会内化到孩子的大脑中，父母口中的苛责会留在孩子的心底；孩子将父母严苛的形象供奉在自己的脑海中，不断用父母的苛责折磨自己。

过度的理想自我会因为难以达到而让人陷入自卑的情绪，最终"杀"掉自己。

听到"我放弃你了"，孩子会怎么想?

不认同孩子是妈妈得的最可怕的一种"病"。有些妈妈因为孩子达不到自己的期望而贬低孩子。也有些妈妈以经历多次的事情为依据进行判断，但多数情况下只是根据孩子的一两次态度或结果就得出结论，而且并不会回顾自己的判断，对这种刻板印象坚信不疑。即使孩子表现得很好，也只会觉得是偶然事件。父母的这种态度，是慢慢腐蚀孩子的"毒药"，会摧毁孩子的灵魂。令自己视为全部的父母感到失望甚至被放弃，孩子会有怎样的想法?

有些父母对孩子失望、不认同孩子、看不惯孩子做的一切。还有一些父母发现孩子无法达到自己的期望，认为孩子只能这样凑合活着，就以半放弃的心态对待孩子。

"我真的对你很失望。"

"你辜负了父母的信任。"

"我不会再对你有任何期待。"

"我们已经放弃你了。"

他们通常会对孩子说出上述这些话。这样的父母是"致命"的。即使他们的意识中不是这么想的，前意识中也已经萌生了放弃孩子的念头。他们只让理想中的孩子活在脑海中，却无视现实中的孩子。被父母认定没出息、被父母冷眼相待、感觉自己已经被放弃的孩子会怎么样? 他们还能依靠什么力量生存下去?

当孩子在外因失败而绝望、因受伤而痛苦时，懂得温柔拥抱孩子的父母，才是真正的父母。

"找回孩子"的革命

试着重新认识自己的孩子吧！要重新认识孩子的真实模样，不管孩子是否有缺点，那都是孩子当前阶段的最佳面貌。将孩子的真实模样视为一个完整的个体，并且全盘接纳。

如果妈妈始终戴着有色眼镜，这种不纯粹的妈妈气味就会渗透孩子的身心，让孩子无法动弹。只有妈妈的心态发生变化，妈妈的气味才会随之改变，从而让孩子生活得幸福。然而，妈妈往往会选择最困难的方法——改变孩子，最终费尽心思却徒劳无功，只留下伤痛与怨恨。

从现在开始，停止改变孩子的做法，妈妈只需要改变自己。这样对孩子、对自己都好。妈妈用充满爱意的眼神看着孩子，孩子也会以真实的样貌被妈妈爱着。说来简单，但妈妈可能根本无法接受孩子的真实样貌，看不惯孩子做的每件事。妈妈可能会想："我的想法有错吗？孩子都那个样子了，怎么可能坐视不管？"也可能会想："怎么可能以平常心对待有问题的孩子？太荒谬了！"

即便如此，妈妈还是要改变自己的心态。只要妈妈不摘掉有色眼镜，孩子就无法摆脱"问题儿童"的标签。

妈妈的心态需要通过一场"革命"进行转变。"妈妈革命"的宗旨是"相信不可能的事"。将过去认为是"问题儿童"的孩子当成正常孩子去对待，相信孩子的真实样貌就是现阶段最好的样子。不能只是嘴上说说，必须真心实意地认同。将曾经认为没出息的孩子看成优秀的孩子，将不相信的心态转换成相信，这就是"妈妈革命"！

妈妈必须改变自己的心态，原因非常明确：第一，改变妈妈的心态比改变孩子更容易；第二，若要改变孩子，妈妈和孩子都会很辛苦，但改变妈妈的心态只需要妈妈自己付出努力；第三，这是一个让妈妈和孩子双赢的方式，妈妈因爱着孩子最真实的模样而欣喜，孩子也因被妈妈完全接纳而感到幸福。只要妈妈改变自己的心态，一切问题都可以解决。

这样的改变并不容易，要用到"1度法则"。不要总是散发"我的孩子是问题儿童"的气味，试着每天改变1度，让自己散发崭新的气味——充满爱和喜悦的气味。为了孩子，一定要试着推翻惯性思维方式，改变自己的负面心态。

世上没有不如妈妈的孩子。认为孩子不如自己，会扼杀孩子，将孩子推向无尽的深渊。不要对孩子感到失望，因为世界上本没有差劲的孩子，只有一味否定孩子的差劲的妈妈。如果孩子的学习成绩不如自己年轻的时候，也只是在这一方面不如自己，并不是孩子本身不如自己。爸爸眼中谨小慎微的儿子也不应该被认定为不如爸爸的差劲儿子，只是在性格上比爸爸更谨慎。学习不好的孩子也可以很受欢迎，胆小的孩子心中也可以充满爱，他们都可以听见大自然的声音，感受蓝天的纯净。

父母不了解孩子的灵魂深处是怎样的景象，无法看到孩子眼中广阔的宇宙，理解不了孩子经历过的种种幸福，也不知道孩子拥有发现世界的超凡能力。如此单纯的孩子真的没出息吗？身为父母的自己又是什么样呢？还不是会为了金钱发愁，在所谓的"舒适区"焦虑不安，过着令人窒息的生活？这样的父母为何要苛待、压迫孩子呢？真的是孩子没出息吗？还是父母不够自信？

从现在开始，重新认识自己的孩子。将孩子叫到身边，温柔地抚摸孩子的脸庞，直视孩子的双眼，端详孩子原本的模样。这是一个伟大的瞬间，是妈妈和孩子纯粹地感受彼此的瞬间。妈妈眼前的孩子就是完美的孩子，请告诉自己："我找回了我的孩子！"

做个不完美的妈妈

介绍一类值得推崇的妈妈——不完美的妈妈。

超我妈妈一般都是追求完美的妈妈，要求严格、日程安排得很满、擅长合理规划时间、做事追求完美。但是，再好的东西，过度也会成为负担。这种一丝不苟的妈妈看似完美无瑕，内心却疲惫不堪，一有空隙就要填满，忙得不可开交。她们的生活中很少有闲暇和乐趣，事情做好才能安心，做不好就会焦虑。她们的孩子也被束缚在满满当当的时间规划和严格的规则中。

这种妈妈也会抑制孩子的自发性，迫使孩子不择手段地挤出属于自己的时间。例如逃课、在补习班里做别的事情、锁上房门打着学习的幌子玩手机、坐在书桌前心却飞到九霄云外。即使身体被束缚住，思想也要自由飞翔，才能让他们稍微喘口气。即使妈妈让孩子集中注意力，不要想别的事情也没用，因为孩子会自然而然地产生其他想法，这是自发性，自发性是有生命的。不完美的妈妈是大智若愚的妈妈。如果生活被塞得满满的，美好的事物也无法进入。有空闲的生活才会有乐趣。

如果生活的框架过于严密，就不会有任何空隙。妈妈要适当地留出空隙，也要坦然地接受孩子留有空隙。要接受孩子的缺点、对孩子造成的杂乱"视而不见"、允许失误并享受错误。孩子的生活本就充满空隙，人生经验仍不足的孩子怎么会有严密的生活框架？明智的妈妈懂得享受孩子的空隙。

不完美的妈妈常常因为其他妈妈做事干脆利落而感到烦恼，觉得自己好像一无所知，也没什么本事，甚至会感到自责。好在不完美的妈妈由于天性使然，可以对这种焦虑一笑而过。其实，不完美的妈妈是很好的妈妈。心爱的孩子可以进入妈妈的空隙并填补它。在不完美的妈妈身边长大的孩子能够保留自发性，并且用这种自发性来填补自己的空隙，积极、健康地生活下去。

追求完美的妈妈应该刻意留出空隙。尽管长年累月的生活模式和天生的气质使她们不容易成为不完美的妈妈，但还是要尝试从小处着手，慢慢改变。妈妈只要留出1度的空隙，孩子的自由与自发性就能被拯救10度，甚至比10度更多。如何才能做出1度的改变？下面介绍一种简单的方法。

睁一只眼，闭一只眼

当孩子某种并不过分的行为让你心情不好时，试着闭上一只眼睛。不是说说而已，要真的闭上一只眼睛，当作没看见。先闭上眼睛，让愤怒的情绪慢慢平息，再凝视自己的内心，想想此刻自己正处在怎样的情绪状态中、为什么会有这样的情绪。静下心来思考一番，你就会发现自己的情绪其实是一种惯性情绪，缘于过去每次见到孩子做出相似行为你都会生气的习惯。

这种练习可以让孩子在过去被认为不好的行为变得顺眼许多，可以训练自己不用负面的心态看待孩子，也可以让妈妈的内心留出空隙。只要学会睁一只眼，闭一只眼，妈妈就会变得不一样。

如果尚有余力，可以在闭上一只眼睛时简单地做个记录。慢慢地，你会明白自己到底对孩子的哪些地方不满意。

本我妈妈的特征

接下来谈谈本我妈妈。

本我在人类精神世界中负责追求本能和欲望。如果本我比较强势，超我会相对较弱。本我比较强势的妈妈是什么样的？这类妈妈一般比较自私，比起孩子，会优先考虑自己，不在乎他人的看法，做事有些随心所欲。她们对孩子的责任感不是很强，觉得只要抚养孩子即可。有时也会为了自己的乐趣忽略孩子，但她们对那样的自己不以为意。她们性格比较情绪化，生气时会打骂孩子。由于超我较弱，这类妈妈很少会自我反省，认为孩子会自己长大，就算有问题，也是孩子自己的问题，与她们无关。

曾经有一位年轻的妈妈被丈夫带来医院向我咨询。这位30岁的妈妈和自己的丈夫是"周末夫妻"，因为工作分居两地，只有周末等节假日才能相聚。两人育有一个读小学二年级的儿子。丈夫抱怨妻子一个月会有两三个晚上将孩子托付给娘家人，自己出去玩。

这位妈妈21岁时就懵懵懂懂地有了孩子，20多岁的花样年华都在育儿中度过。孩子上小学二年级后，她需要操心的事少了许多。身边未婚的朋友们还玩得很开心，她却被孩子束缚着，感觉很烦躁。偶然和朋友出去玩了一次后，唤醒了她昔日和朋友们玩乐的愉快记忆。她说，只要接到朋友的邀约，就克制不住自己，很想出去玩。虽然偶尔也会对孩子心生愧疚，但这种愧疚的程度并不深。她认为自己每天做饭给孩子吃、晚上陪孩子玩，之后再将孩子交给娘家人照看并没有什么不妥之处。而且她觉得自己并没有做什么坏事，反而对丈夫的不理解感到不满。丈夫气得说不出话，想知道妻子究竟是不明事理还是精神出了问题。

这位妈妈是本我妈妈吗？为了出去玩，半夜将孩子托付给娘家人照看，确实有些像危险型妈妈。

本我妈妈也被分为不同的等级，最低等级的是动物水平的本我妈妈。沉迷游戏导致孩子活活饿死、将孩子打伤的妈妈就属于这一类。这种放任孩子不管或者虐待孩子的人枉为人母，此处不再讨论。

下一个等级是强势的本我妈妈。这类妈妈会履行母亲的基本职责，只是比起孩子，认为自己更重要，是按照自己的意愿行事的类型。她们有些不负责任，一般不会自我反省。虽然承担着基本的养育责任，但更看重自己的人生享乐，对孩子的品格、成长漠不关心，也没有明确的育儿目标，只要孩子健康成长，不惹是生非就好。当孩子的幸福和妈妈的幸福发生冲突时，她们并不会苦恼，而是直接选择妈妈自己的幸福。因为比起孩子，这类妈妈更重视自己，所以不能被称为好妈妈，但只要不伤害孩子，也不能被认定为坏妈妈。

在强势的本我妈妈身边长大的孩子会是什么样？会因为妈妈疏于照顾而出问题吗？其实并不会这样。这类妈妈的孩子往往更能自力更生，即使在外挨骂受欺负，也会产生自我防御能力，让自己具备更强的生存能力。因为这类妈妈不怎么照顾孩子，孩子反而会拥有独立生活的力量。

在强势的本我妈妈之下，还有本我较轻的妈妈。这类妈妈对孩子尽职尽责，重视孩子的人格和成长，有好好培养孩子的想法，但不会牺牲自己的人生乐趣。她们虽然会自我反省，但并不会深刻地思考。既能照顾好孩子又能好好享受自己的人生是她们的人生理念。当孩子的幸福和妈妈的幸福发生冲突时，她们会相当苦恼，有时会放弃自己的幸福，成全孩子，有时则会尊重自己的内心，选择自己的幸福。

本书中提到的本我妈妈，主要是指强势的本我妈妈。本我较轻的妈妈其实很常见，因此不必被贴上"本我妈妈"的标签。拥有轻微的本我并不是什么坏事，反而对妈妈的心理健康有益。每个人都拥有超我和本我的倾向，两者相互协调才能形成健康的自我。妈妈的自私心理很正常，也很健康。有时比起孩子，妈妈确实更应该照顾好自己。妈妈的内心需要轻微的本我，才不会失衡。

妈妈拥有轻微的本我，对孩子、对妈妈自己都有益。妈妈在不伤害孩子的前提下过好自己的人生，不是很好吗？不要让孩子产生"妈妈是为我而活"的错觉，应该让孩子知道"妈妈也有属于自己的人生"。对孩子感到愧疚时，稍微感受一下这种心态，让它尽快消失就好。

在阅读本书的过程中，或许有人会担心自己是否属于本我妈妈。不用担心，真正的本我妈妈不会阅读这类书籍，她们认为没有阅读的必要，甚至根本不知道有这类书籍。即使读者中真的存在本我妈妈，也是心理健康的本我较轻的妈妈，而且属于超我妈妈的可能性更大，不如先怀疑自己是否属于强势的超我妈妈。

重要的是，成为超我妈妈或本我妈妈并不是自己的选择，而是依据自己的生活经验自然形成的，是一种命运，是一种天生的气质，也是一种遗传的特性。通常，妈妈会徘徊于本我与超我之间。想悠闲自在地享受自己的生活时，超我就会跳出来训斥道："作为妈妈，这样做行吗？"为了成为好妈妈而忍耐时，本我就会冒出来批评道："你究竟为谁而活？你的人生也很重要！"大部分妈妈都生活在这样的矛盾中。

想保留一些本我的妈妈，应该练习满足自己的欲望，不要因此陷于无谓的愧疚感。长期被禁锢在"妈妈"这一角色里，很容易"生病"。

一些职场妈妈也会苦恼自己是否属于本我妈妈，是否为了满足自己的人生而没有顾及孩子。其实，这种职场妈妈更接近超我妈妈。选择工作，代表重视自己的社会生活，存在想发挥社会作用的自我理想。这种自我理想正是超我的属性之一。另外，职场妈妈多半会有愧疚感，愧疚感也是超我的属性之一。因此，职场妈妈大多属于超我妈妈。

至于前面提到的那位爱出去玩的妈妈，她向丈夫承诺，以后一个月只出去玩一次。后来，我再也没见过那对夫妻，希望那位妈妈能够成为健康的、本我较轻的妈妈。

小贴士 你是超我妈妈还是本我妈妈?

请回答下列问题,看看自己是哪种类型的妈妈。

1.会因为顾虑孩子(孩子并未生病,妈妈只是单纯地放心不下),放弃想去的聚会或想做的事。

经常(1分) 偶尔(2分) 很少(3分) 几乎不(4分)

2.在参加聚会或做自己想做的事时,会因为担心孩子而产生愧疚感,或者一直想着孩子,无法集中注意力。

经常(1分) 偶尔(2分) 很少(3分) 几乎不(4分)

3.比起孩子,更看重自己的乐趣和人生意义,会在自己身上投入时间和金钱。

经常(4分) 偶尔(3分) 很少(2分) 几乎不(1分)

总分低于5分代表有超我倾向,总分超过10分的是偏本我倾向的妈妈。5分以下的妈妈要多将注意力放在自己身上,勇于承受亏欠、愧疚、不安和恐惧的情绪。这并不容易,但如果妈妈被孩子绑住,孩子也会被妈妈困住,对双方来说都不是好事。

第三章

妈妈的欲望

妈妈的欲望程度会对孩子产生很大的影响。
如果没有什么欲望，妈妈和孩子都会过得比较自在。
问题出在欲望过于膨胀的妈妈身上。
在这样的妈妈身边成长的孩子，大部分活得很辛苦。

孩子发出的危机信号

欲望隐藏在哪里？

欲望是人生的动力，让我们充满朝气。我们因欲望而行动、冒险、忍受痛苦，但欲望也会使人筋疲力尽。我们在欲望中挣扎，任由其摆布，因欲望无法实现而痛苦。

我是一个没有多少欲望的人，人生中从未出现过成就、成功、竞争这类词语。我从小就是这样，从未因为想要什么而要赖，也不曾因为计较而与朋友起争执，读书时从没想过要拿第一，也没有想和谁竞争、努力取胜的想法。这种心态一直持续到现在，我没什么特别想要的、想做的、想吃的，因为我觉得怎样都好。没什么欲望的我能过上现在的生活，可能是因为运气好。

我喜欢没有多少欲望的自己，但也不是完全没有遗憾。如果我有某种欲望，就会为了实现它而更加努力，也许会取得更大的成就。为什么我没有欲望？为了更深入地了解患者的内心，精神科医生必须进行自我观察训练。自我分析也是工作中的必备技能之一。在精神科实习时，我曾分析过自己的心态，自认为解释得还不错。当时，我的自我分析内容大致如下。

我在三兄弟中排行第二，哥哥比我大2岁，弟弟比我小7岁。有一次，妈妈买了一盒饼干，我们争抢不休。哥哥比我大，我抢不过他；弟弟年纪小，妈妈要我让着他。但因为我想吃饼干，对饼干的欲望让我被哥哥打、被妈妈责备。（这里提到的"饼干事件"并非真实发生的事，只是假设的情况。）

某天，家里又发生了同样的情况，我想，反正怎么都吃不到饼干，不如直接让给哥哥和弟弟。在我慷慨地让出饼干后，妈妈夸我很懂事。从那时起，我明白了对吃的产生欲望会被哥哥打、被妈妈责备，不如直接放弃，还能换来妈妈的称赞。

但毕竟是孩子，不可能对吃的没有欲望。如果压抑想吃饼干的欲望很痛苦，不如从根本上消除这种欲望。如果真的不想吃饼干，即使让步也不会觉得委屈，只剩下被妈妈称赞的幸福感。于是，我的欲望不见了，应该说是被消除了。消除欲望，就是年幼的我在兄弟关系中找到的生存方式。

这个故事是我进行自我分析的剧本。故事中的那个孩子的欲望去哪里了？实际上，欲望、贪心藏在我们的潜意识中。当时，我在自我分析后得出这样的结论：我的欲望被压抑，藏在潜意识中，只有释放被压抑的欲望，我的人格才能成长。所以，我的成长任务之一就是"释放欲望"。当了30年精神科医生，我是否成功释放了自己的欲望？我不确定。

现在，我仍是一个没有多少欲望的人，点菜时说得最多的一句话就是"随便"。别人想吃的就是我想吃的，我始终觉得随便怎样都好。看来释放欲望不是下定决心就能做到的事。

调和孩子和妈妈的欲望很重要

现在回想起来，我的自我分析剧本其实存在漏洞，这个漏洞和心理学领域一个长期存在的争论有关——人的性格是先天决定的还是后天形成的？人的性格形成是出于本性还是受到环境影响？在精神科实习期间，我认为自己没有欲望是后天的环境因素造成的结果。一个原本有欲望的孩子，为了适应环境，成长为没有欲望的孩子。然而，30年后，我的想法发生了变化——欲望是与生俱来的。

我的欲望似乎不是因为被环境压抑才消失的，而是天生就没那么强烈。虽然欲望的强弱程度会因人生经验有所改变，但的确存在与生俱来的基本定量。因此，我认为欲望也是一种先天气质。有生来就贪心的人，也有生来就没有多少欲望的人。欲望强的人想降低欲望绝非易事，没有多少欲望的人想学会贪得无厌也不大可能。

现在来谈谈妈妈的欲望。妈妈的欲望强度会对子女教育产生很大的影响。无欲无求的妈妈没什么问题，她们和自己的孩子都能活得舒适。问题在于那些欲望强烈的妈妈，她们的孩子过得很痛苦，因为妈妈的欲望会原封不动地转移到孩子身上。欲望强烈的妈妈应该注意审视自己和孩子的欲望之间的强度差异。

妈妈和孩子的欲望必须调和至平衡点。例如，欲望强的妈妈和欲望强的孩子是理想组合，孩子很容易接纳妈妈的欲望，即使有些吃力也能坚持下去。在这种情况下，妈妈会很轻松，只要好好衡量孩子的欲望强度，适时推动即可。

在关于子女教育的书籍中，有一些如"让孩子这样学习，就能成功"的计划管理型成功案例。这种成功案例适用于妈妈和孩子的欲望都比较强烈、两者都很讲原则的情况。相反，如果妈妈和孩子都没有什么欲望，也不是按部就班的类型，非要以这种方式进行家庭教育，双方都会很痛苦。因此，妈妈也要衡量自己的欲望强度。

最不幸的组合是欲望强的妈妈搭配没欲望的孩子。孩子被妈妈的欲望强行推着走，即使妈妈心急如焚，孩子也达不到妈妈的要求。其实，我们应该认清孩子的先天气质，放弃过强的欲望。但欲望强的妈妈坚信孩子的好坏取决于妈妈、好孩子可以靠后天塑造而成，不肯善罢甘休。被妈妈推着走的孩子，一开始会想办法跟上妈妈的节奏，最终却会逃跑。根据孩子不同的先天气质，逃跑的方式大致可以分为两种：内向的孩子会毫无反应，失去活力，没有热情；外向的孩子则会反抗，惹是生非。两者虽然形式不同，但都是被妈妈的欲望逼到悬崖边的孩子的表现。

妈妈不仅要关注孩子的学习能力，更要关注孩子的欲望强度。如果孩子没有什么欲望，妈妈应该学会放下。比起和孩子为了学习成绩斗争，更应该和自己的欲望斗争。欲望强烈是一种天生的气质，想要放下并不简单。而且，还有一个更大的因素让妈妈无法放下欲望——妈妈的欲望背后藏着贪念。妈妈的潜意识中藏着贪念，裹在一种叫作"母爱"的包装纸里，让人无法看清。

妈妈的欲望背后藏着四种贪念

如果妈妈的欲望只是单纯地希望孩子健康成长，即使有"希望孩子学习成绩优秀"的欲望，一旦发现孩子跟不上，就会立刻放下欲望。然而，内心藏着欲望的妈妈连孩子病了也看不见，即使看见了也无法放下自己的欲望，因为一旦放下欲望，妈妈的人生也会随之崩塌。

妈妈的欲望背后藏着怎样的贪念？最具代表性的有以下四种。

第一种是自卑感。因学历、家庭条件而感到自卑。这种自卑感无法通过自己的努力解决，因为学历是过去已经发生的事，而家庭条件由妈妈的父母决定。如果孩子考上名牌大学，就能治愈妈妈的学历自卑，建立妈妈在家中的威信，妈妈可以用这种方式克服自卑感，消除心中长久以来的怨气。

第二种是父母未完成的梦想。有一位原本想当医生的兽医，将自己没能实现的梦想寄托在儿子身上。为了不辜负爸爸的期望，儿子一直努力学习，可是考了四年都没考上医科大学。接连不断的失败，让这个孩子患上了抑郁症。找我咨询的时候，他说："我的梦想破灭了……随之破灭的还有我父亲的梦想……"

父母没能实现的梦想和超我的自我理想有关。父亲没能实现的自我理想是成为医生，这个梦想被投射到儿子身上，于是儿子成为父亲的"分身"，担负起为父亲实现梦想的重任。因此，儿子的失败代表着父子二人人生的失败，这样的打击更严重，造成的心理创伤更难恢复。

第三种是妈妈的好胜心。妈妈对孩子的教育充满明争暗斗，包含同丈夫、婆家、妯娌、自家兄弟姐妹、自命不凡的邻居之间的斗争。"是吗？走着瞧！"妈妈这样想着，战争拉开了序幕。在这场没有硝烟的战争中，孩子成了挡箭牌。

第四种是妈妈的存在证明。有些妈妈看上去过得很好，实则因为操心丈夫或婆家而憔悴不已。这类妈妈生活的唯一出路就是孩子的成功，只要孩子能成功，就能证明自己的存在价值。她们试图通过将孩子养育成才的方式，修复与丈夫或婆家的关系，在他人面前树立自尊感。

正是这些潜藏的贪念，让妈妈们无法放下欲望。

成为欲望化身的孩子

　　我认识一位开设全科诊所的学弟，他的妻子因抑郁症前来治疗。学弟的妻子是一名护士，他们曾经是一对校园情侣。婚后，他的妻子辞职成为全职主妇，对孩子的教育十分用心。似乎从校园恋爱走向婚姻的男医生、女护士组合中，不少妈妈尤其关心孩子的教育，害怕孩子学习不好会被人说是因为像妈妈。

　　再说回学弟妻子的问题。由于婆家是医生世家，公公和小叔子一家都是医生，公公对长孙寄予厚望。学弟的妻子压力很大，将全部精力投注到育儿上。这个孩子从小就被妈妈管着、督促着学习，好在孩子很听话，中学之前一直是全校前五名。小叔子家也有个儿子，但学习成绩不是很好，因此学弟的妻子觉得很骄傲。

　　然而，学弟的孩子没能顺利考入重点高中。不知是否因为打击太大，从那时起，这个孩子不再好好学习。不管妈妈是哄劝还是威胁，他就是不肯学习，不仅成绩一落千丈，还沉迷于游戏。学弟面对妻子时那种异样的目光仿佛在责备她："你到底是怎么教的，让孩子变成那样？"婆家人也非常失望。最终，这个孩子只考上一所普通大学。然而，小叔子家的儿子学习成绩越来越好，顺利考上了首尔的名牌大学。

　　经受一系列打击后，学弟的妻子得了抑郁症。她将全部精力放在育儿上，从30岁到50岁，整整20年的妈妈人生就这样消失了，什么也没留下。属于妈妈的自卑、嫉妒自始至终没有离开她半步，到头来连自尊心和存在感也变得越来越模糊。这位妈妈做错了什么吗？作为一个全职妈妈，难道不应该监督孩子好好学习吗？背负着"孩子像妈妈才会学习不好（真是这样吗？）"的罪名也能淡然应对，孩子被拿来和小叔子的儿子比较也能一笑置之，甚至坚强地面对公公的白眼，有多少妈妈能做到呢？

没能考上理想大学的儿子，心情又如何？一般来说，即使考得不理想，很多孩子也能振作起来，努力生活。但是背负着"妈妈的人生"的孩子，失败之后会觉得自己没能守护好妈妈，因此很难摆脱失败的冲击。孩子也会察言观色，明白妈妈的处境：因为爸爸而操劳、总是看爷爷的脸色、嫉妒叔母。只有他的成功能拯救可怜的妈妈，他却没做到，本该救赎妈妈的自己反而让妈妈变得更不幸。他觉得失败的不仅是自己的人生，还有妈妈的人生，无法让妈妈幸福的儿子，是世界上最可怜的儿子。

潜藏在妈妈心中的欲望非常执着，这种欲望投射到孩子身上，迫使孩子背负着妈妈的人生前行，导致妈妈的人生和孩子的人生无法分割。妈妈对孩子的爱，让孩子成为妈妈的分身。孩子化身成妈妈的自尊心、妈妈的救赎者，妈妈却毫不知情。"为了孩子好"这层爱的包装纸里，隐藏着一剂"毒药"——妈妈的欲望。

患隐匿性抑郁症的孩子

近年来流行的教育理念是，学习不好的孩子品行再好、情商再高也无济于事。孩子的学习成绩一定要好，因为孩子的成绩就是妈妈的成绩。只有孩子考上名牌大学，妈妈才能得到"成功妈妈认证书"。这是一项长达20年的艰巨任务，通向成功的道路上困难重重。孩子读小学时，一般比较听话，不会有什么问题。从初中开始，问题就会渐渐出现。课程变难、作业变多，孩子会感觉很吃力，也会为琐事烦心，将学习抛到脑后。看到孩子的学习成绩被影响，妈妈也会很焦虑。但妈妈越焦虑，孩子就越不听话。当妈妈想放弃时，其他妈妈会说："现在放弃就完了！正是关键时刻！"妈妈听了认为有道理，即使是为了一直以来的努力，也不能放弃。

从孩子的角度来看，一直按照妈妈制订的计划前行，进入中学后本能地追求自由，于是开始反抗。面对叛逆的孩子，妈妈展开连环攻势，温暖的眼神变得严厉，微笑变成冷笑，温柔的话语变成大声的斥责。孩子努力想听妈妈的话，却做不到。

在与妈妈的"战争"中，孩子表面上反抗，潜意识里还是希望能让妈妈开心。妈妈不理解孩子的心情，反而发动更猛烈的攻势。当妈妈的极限与孩子的极限发生碰撞，只会两败俱伤，长达10年的"战争"就此结束，一切都是徒劳。

"战败"的孩子会变成什么样？根据先天气质不同，会变成被动型或攻击型。被动型孩子沦为妈妈的"俘虏"，对妈妈唯命是从，毫无生气。攻击型孩子则会顽强地抵抗妈妈这个"敌人"，或者逃出去。

有种抑郁症叫作隐匿性抑郁症，其抑郁症状会伪装成某种行为或身体症状表现出来。常见于青少年群体，表现为游戏成瘾、迟到、离家出走等反常行为或烦躁、生气等情绪变化，有时也会表现为头痛、疲劳等身体不适症状。这种经过伪装的抑郁症状很难被察觉，还会让妈妈更烦躁。孩子通过不去上学或沉迷游戏的行为反抗妈妈，妈妈就会逼得更紧，导致母子关系日趋恶化。

隐匿性抑郁症通常发生在无法满足妈妈期望的孩子身上，是他们为了生存而表现出来的本能反应。处于长期的压迫下，孩子的身体出现疼痛症状，为了逃离束缚而沉迷游戏、拒绝踏入令人窒息的学校。只有这样，他们才能喘息片刻，得到些许慰藉。

妈妈的欲望让孩子得了看不见的疾病。比隐匿性抑郁症更严重的是自尊心受挫。妈妈鄙夷的目光和压迫让孩子的自尊心开始动摇。当孩子意识到自己的存在被最爱的妈妈否定时，精神会遭受毁灭性打击。孩子会在潜意识中认为自己毫无用处、没有价值。还未好好体验世界的美好，孩子就抱着自认为无价值、无能力的想法步入社会，因此，即使是很小的失败，也很容易让孩子崩溃。这样的孩子处于危险的状态。他们可能不知道自己生病了，或者知道却没有告诉妈妈，因为说了也没用。孩子选择沉默的原因是担心妈妈会伤心。即使他们已经不堪重负，仍旧面带笑容。因此，妈妈无法察觉孩子已经病了。

　　所有的父母都会在失败、试错中不断积累教养经验。然而，能够迅速察觉孩子处于危机状态的父母，才是明智的父母。

感知孩子发出的信号

　　如何才能得知孩子正处于危机状态？实际上，在孩子和妈妈的对话中就隐藏着孩子发出的"信号"。孩子不会直接告诉妈妈自己正面临危机，但会用眼神和肢体语言表达。

　　最初的信号是，不管妈妈说什么，孩子都会反抗。如果孩子装作没听到妈妈的话，或者对妈妈的话表现出不耐烦，就是危机的开端。如果妈妈经常将"你没听到妈妈说的话吗？""你怎么不听话？把妈妈的话当耳边风是吧？""你觉得妈妈说的是废话？"之类的话挂在嘴边，代表妈妈和孩子的关系已经亮起了红灯。

　　当孩子的不耐烦和反抗加剧时，妈妈和孩子对话时也会变得小心翼翼。如果妈妈和孩子说话时要看他们的脸色，那么母子关系确实已经处在危急状态。此时，妈妈要更加敏锐，一旦错过这个时机，与孩子的关系就会变得更差，孩子会捂住耳朵、关上心门，最后躲进自己的世界。在那之后，和孩子的一切对话都是徒劳的。孩子不会向妈妈吐露真正的心声，只会为了迎合妈妈的心情敷衍过去，或者谎称自己没有任何问题。

　　如果母子关系进一步变差，孩子就会对妈妈表现出敌意。这种敌意代表孩子否定自己的存在，是孩子再也无法忍受的信号。

　　孩子反复听到"没出息""真没用"之类的话，意志会被逐渐摧毁。妈妈自认为那些话只是普通的教导，但滴水可以穿石，伤人的话一再出现，会在孩子的心里留下伤痕。孩子会出现危机感，感觉自己的存在岌岌可危。这时，孩子会开始反抗，因为他们觉得，如果什么都不做，自己真的会消失。会反抗的孩子比畏缩的孩子好一些。被妈妈训斥仍沉默以对的孩子和从不顶撞妈妈的孩子反而更危险，这类孩子虽然看起来乖巧、文静，但内心可能已经"病"了。他们长大后可能会成为"隐居型孤独者（远离社会生活、不敢走出房间的人）"，或者毫无征兆地惹出大祸。

　　当你发现孩子开始爱发脾气或者日渐冷淡时，一定要抓住机会，提高警觉。能够察觉这种危机信号的妈妈相当不错，可以说是很明智的妈妈。那么，感知到孩子发出的信号后，该怎么做？

练习忍住不说

　　察觉孩子处于危机状态时该怎么做？通过分享我院护士的经验，来解答这个问题。

　　我工作的医院中有很多护士是职场妈妈。作为护士，照顾精神障碍患者的压力非同小可。有大喊大叫的患者，有随时可能会出现暴力行为的患者，有声称护士辱骂自己的幻听患者，有每天给护士写求爱信的妄想症患者……但因为对方是患者，除了忍耐，别无他法。从某种程度来说，这是一份危险的工作，如果没有对患者无私的爱，很难坚持下去。

护士们承受着巨大的压力，仍然认为照料病人既有成就感又很有趣，她们真是了不起。但是，尽管她们能够游刃有余地应对患者的言行出格、妄想、情绪失控，在面对自己的孩子时似乎束手无策。

一天，我们在休息时间闲聊，护士长抱怨自己因为孩子而很烦恼，不管她说什么，孩子都很不耐烦，不知道是孩子的问题还是她自己的问题。另一位护士听完，说自己也有类似的困扰。看来，这种问题并非个例。

我提出一个可以分辨问题究竟出在谁身上的好方法，并且建议她们用这个方法进行实验。这个实验名为"忍住不说"，当妈妈想对孩子说些什么的时候，一定要忍住不说，然后在纸上写下原本想说的话，以此来辨别这些话是否属于牢骚。有三名护士决定在周末进行实验。其中一名护士说自己从不唠叨孩子，但还是被我说服了。

实验结束后，三名护士分别展示了自己记录的内容。那名声称自己从不唠叨的妈妈不好意思地说："原来我是一个非常爱唠叨的妈妈……"

以下是其中两位妈妈写下的部分记录：

幼儿园小朋友的妈妈：多喝水；一次只拿一个玩具出来

玩；少吃饼干；吃饭的时候不要到处跑；说话快一些；不能只吃蛋白不吃蛋黄；睡前要洗漱；刷牙时要均匀。

初中生的妈妈：赶快完成习题册；背英语单词；读历史书；别分心，专心做题；不要玩手机；坐有坐相；吃了太多碳水化合物；认真洗漱；别一直吃杏仁，也要吃核桃。

我问她们，做完实验后有何感想。

"原来我整天都在唠叨。"

"一直忍住不说话，总想发火。"

"我实在忍不住，闷在心里的话反而都说出来了。"

"但是当妈妈的没办法不唠叨吧？如果不说，孩子就不知道做。"

妈妈们经常挂在嘴边的话只有"做"和"不要做"这两句。她们不知道自己是在唠叨，觉得只是让孩子去做理应做的事。妈妈总是忍不住对孩子唠叨，是因为妈妈清楚哪些是正确行为：早点儿完成习题册，就能早点儿睡觉；坐有坐相，才能避免驼背；多看书才能养成读书的好习惯……妈妈只是想教会孩子做正确的事。但这些所谓的教育孩子做"正确的事"，对孩子来说就是唠叨。

如果妈妈觉得和孩子的关系越来越差，可以尝试以一个月为期，忍住不说。不必考虑哪些话是必要的，只要坚守一个原则：除了日常对话，其他的话一律不说，特别是吩咐孩子要做什么、不要做什么的话，建议和命令之类的话更不要说。在忍住不说的同时进行自省，会发现自己其实一直在监视孩子，脑海中充斥的全是有关孩子的想法。

练习忍住不说的前几天会很难受，但一定要坚持住。前两周，妈妈的内心会十分煎熬，不由自主地想监视孩子。两周后，妈妈逐渐习惯了，容忍度也会随之提升。孩子也会观察妈妈的脸色，刚开始还小心翼翼，逐渐变得大胆。就算这样，妈妈也要忍耐，毕竟母子关系正处在危急状态。但是，妈妈也会担心："如果什么都不说，就这样放任不管，孩子会不会出问题？"请放心，将一切都交给孩子，相信孩子可以做好。"没有我的管教，孩子老是往外跑怎么办？"别无他法，妈妈只能相信孩子会对自己的人生负责。其实，没有比相信孩子更有效的方法。

说回护士长的话题。当时，她说："我忍着不说，反而更生气。孩子自己不知道主动做，我不说不行。现在正是打基础的时期，如果我放任不管，他肯定什么都不做。为了让孩子振作起来，我甚至给他看家教费、课外辅导班学费的收据，让他知道这些费用多么惊人。孩子看到后确实很惊讶，但也只是当时那样想，并没有因此变得努力。"

护士长的心情不难理解，结束辛苦的工作回到家，看到孩子一塌糊涂的样子，怎么可能忍得住？如果妈妈觉得自己快要憋出病了，就将想说的话一次发泄出来；如果妈妈觉得孩子可能会"生病"，就忍住不说。妈妈一会儿发泄，一会儿忍耐，真的没关系吗？不用担心，妈妈们都是这样的。

但有一点很明确，如果和孩子无话可说或者孩子的眼神充满敌意，一定要忍着不说。只有这个方法才能同时拯救妈妈和孩子。如果妈妈突然什么也不说，孩子可能会误以为妈妈在生他们的气，这时，可以这样告诉孩子："妈妈好像太苛刻了。虽然我们都有问题，但妈妈首先要改变自己。我的唠叨让我们之间渐渐疏远，以后我会努力不再唠叨。先试一个月，这一个月内不管你做什么我都不会说你，你想怎么做就怎么做。如果我没忍住，你可以随时制止我。我会努力遵守约定。"

一定要遵守约定，好好坚持一个月。一个月后再和孩子聊天，分享在妈妈忍住不说期间彼此的心情。之后应该怎么做？妈妈可以跟孩子商量，决定是回到唠叨模式还是保持忍耐模式。当然，也可以找一个适合彼此的妥协点。不过，孩子也可能没有发生任何改变。

重要的是，这样做能让妈妈和孩子暂时中断原本的消极关系，重新建立联结。让孩子看到妈妈努力改变的样子具有重要意义，母子关系一定会有所改善。至少可以改变无话可说的状态，消除孩子带有敌意的眼神。每个妈妈都盼着孩子好，但这种心愿有时反而会让孩子陷入危急状态。她们往往会在"为了孩子好"的心态里偷偷掺杂自己的欲望，将孩子和自己的人生捆绑在一起，让孩子对妈妈的人生负责。孩子被迫背负着妈妈的人生艰难前行。

妈妈和孩子的人生连为一体，只能共同进退。如今，这种现象日趋严重。

小贴士　忍住不说的关键点

先尝试两周，在餐桌、冰箱、书桌等地方贴张纸条，记下自己想说的话。两周后，给孩子看你写下的内容，询问孩子哪些是让他烦躁的唠叨，哪些是对他有帮助的话。然后确定哪些话最好不要说，哪些话可以说。这样一来，即使孩子的态度没有改变，母子关系也能缓和一些。至少，这样的妈妈养育的孩子，心理不会生病。

♡ ♡ ♡

作为妈妈生活，
还是作为女人生活

最强大的人格面具——妈妈

你是以"妈妈"的身份生活，还是以"女人"的身份生活？或者仅仅是以"人"的身份生活？对这个问题的不同回答会让你的人生截然不同。回答中隐藏着妈妈的欲望和人生哲学。

首先要谈论的不是"妈妈"，而是"那个名为妈妈的人"。为此，有必要先了解"人格面具（persona）"这个心理学名词。

"人格面具"是心理学家荣格提出的概念，指的是"社交面具"或"假面人格"。Persona的原意为古希腊戏剧中演员们戴的面具。就像在假面舞会中戴上面具扮演贵族一样，每个人都戴着社交面具，扮演与面具相符的角色。

荣格认为，人在戴上面具后，"原来的我"就会被"假面人格"替代。如果戴上"妈妈"的面具，"我"就会消失，以"妈妈"的身份生活；戴上"妻子"的面具，就会以"妻子"的身份生活。"爸爸""长女""学生"等都是人格面具。"学生就该好好学习""老师应该有老师的样子"一类的话，言外之意就是戴上面具后，行为举止就要与之相符。"女性"和"男性"也属于广义的人格面具，戴上后就被局限在"要有女人的样子"和"既然是男人，就应该……"的框架中。

我们忠实地扮演着被赋予的角色，演得好就能得到社会的认可，否则就会被批判。但正确地扮演自己的角色和过度沉浸在角色中导致迷失自我是两码事。荣格提出警告，如果过度沉浸在某个角色中，失去原本的自我，可能会导致精神问题。因"长女"的身份牺牲自己的人生、被"妻子"的身份压得喘不过气，都不是健全的人生。

人生如戏，戴上面具就要以相应的身份生活。遇到不喜欢的角色，可以直接脱下面具拒绝扮演吗？如果心情不好就能脱下不喜欢的面具该有多好，但现实生活并没有那么简单。如果脱下面具是件轻而易举的事，大概所有人都会脱下面具。人生只有一次，有时的确会怀疑自己为什么要戴着面具生活。有些人格面具只要做足心理准备就能狠心脱下，但"妈妈"这个面具似乎一辈子也无法脱下，它早已变成面部皮肤的一部分。

"妈妈"是最强大的人格面具。过去的妈妈被囚禁在"妈妈"这个人格面具中，完全牺牲了自我。这种现象一直持续到现在，不曾改变。戴上"妈妈"面具的瞬间，害怕失去自我的恐惧感油然而生。所以，很多女性宁愿选择"未婚女性"的面具也不愿戴上"已婚女性"的面具。即使结了婚，也只会戴上"妻子"的面具，不愿戴上"妈妈"的面具。

全职妈妈的职责与苦恼

一位妈妈交给即将去度蜜月的女儿一张卡片，让她在飞机上读。起飞后，女儿拿出卡片，发现上面写着："不要以'妈妈'的身份生活，要活得'像自己'。"

女儿陷入了沉思。她的妈妈一辈子为丈夫和孩子而活，她很敬佩这样的妈妈，还觉得妈妈过得很好。她从未想过妈妈也有作为"自己"的人生，那是妈妈没有活过的另一种人生。这大概也是妈妈给她卡片的原因。

"妈妈＝牺牲"的概念至今没有什么变化。因此，年轻女性犹豫着不想结婚、苦恼着不想生孩子。当今时代的人生价值是"自由和乐趣"，成为妈妈似乎就要放弃自由和乐趣。但是，存在于人类基因里的生命法则不会轻易消失，一些女性仍想感受诞下生命，听到孩子叫"妈妈"的喜悦，于是她们选择成为妈妈。这样的女性，还会被"妈妈＝牺牲"的概念束缚吗？

新时代的妈妈是怎样的女性？她们并没有从小被灌输"要成为母亲"的观念，反而将自己的妈妈视为反面教材，她们的妈妈也会教导她们要活得像自己。这些女性接受了良好的教育，有独立的人生经验，积极为自我成长投资，是个性较强、懂得享受人生的有能力的人。这样的女性怎么可能甘愿戴上"妈妈"面具、扼杀自我？她们虽然选择成为妈妈，但绝对不会放弃自我。妈妈这一角色已经发生了变化，不再是过去那样的"牺牲者"，而是"胜利者"。妈妈的角色由"自我牺牲"升华为"自我实现"。

这种现象在全职妈妈群体中更明显。全职妈妈是以"妈妈"角色为生活重心的人。与兼具社交角色的职场妈妈不同，全职妈妈自身的能力无处发挥，即使有生活爱好也不够，无法从中获得成就感，并且容易感到自卑。作为"自己"，而不是作为"妈妈"的本质意义也让全职妈妈产生困惑。但是，既然选择做全职妈妈，就不能不关心孩子的教育问题，否则就会听到"在家什么都不干"的指责。

全职妈妈需要找到发挥自我能力、获得认同的方法。她们找到的好方法就是教养子女。于是，她们将"妈妈"面具戴得更牢，尽情发挥自己的实力。她们并非被迫戴上面具，而是主动且积极地扮演"有能力的妈妈"。

当全职妈妈成为"有能力的妈妈"，局势便开始逆转。有能力的全职妈妈占据优势，职场妈妈被压制。在扮演"有能力的妈妈"的道路上，全职妈妈走在前面，职场妈妈只能焦虑地在后面追。再加上全职妈妈对孩子的照料极其细心，用高标准的方式进行教育，一般的妈妈为了跟上这样的高标准，几乎无法喘息。

教练式妈妈的危险性

希望通过教养子女实现自我价值的妈妈们，将全部精力投入到教养子女中，成为积极的教练式妈妈。

妈妈的角色本就包含教练员。她们要引导孩子养成良好的习惯，教导孩子什么该做、什么不该做，收集对孩子有益的信息。这些是妈妈的职责，也是基本认知中的教练职责。既然这都是身为妈妈就会做的事，没必要用"教练"一词来形容，因此，教练式妈妈并不像经纪人式妈妈（如同演艺人员的经纪人般严格管理孩子日程的妈妈）或直升机式妈妈（像直升机一样盘旋在孩子附近时刻监视着孩子的妈妈）那样成为流行用语。但我仍然想用"教练式妈妈"的概念来概括当今时代的这类妈妈。为了培养孩子的品格、感性认知、学习能力和社交能力，积极履行教练职责的妈妈，就是教练式妈妈。这些妈妈正如运动教练训练有能力的运动选手那样，积极地将孩子培养成有能力的人。

近年来，妈妈的教练职责变得更加复杂、精细，教导水平也在不断提高。妈妈们为了成为优秀的"教练"，必须不断学习。书店里有许多强调妈妈对孩子有重要的指导作用的育儿书籍，告诉妈妈在孩子三岁时就要开始启发孩子的智力、提升孩子的词汇量，就连孩子玩耍时也要刻意训练其想象力和创造力，还要培养孩子的领导力。

妈妈论坛中也有许多关于指导的建议：在孩子低年级时，要培养亲子共读的习惯，互相提问并引导孩子说出自己的想法；让孩子从7岁开始进行论述，有助于大脑发育，但孩子无法独立完成，需要妈妈的协助；指导一年级学生是妈妈的职责，就算只有一道题，也要在旁边陪孩子写完，用不同的方式指导并积极赞美孩子；等等。

现在，无论是阅读还是学习，妈妈都要陪伴孩子完成，并不像以前那样吩咐孩子去阅读、去学习就能了事。和孩子一对一地进行讨论、陪伴孩子学习才算是好妈妈。妈妈除了要学习如何当"阅读教练"，还要学习论述。除此之外，妈妈还要培养孩子的语言能力、启发孩子的想象力、训练孩子的社交能力、让孩子拥有梦想、能够做到因材施教、培养孩子自主学习的能力。

这个时代将此称为"妈妈力"，似乎是作为妈妈理应具备的能力。这种具备"妈妈力"的妈妈就是教练式妈妈。如今，成为优秀的教练式妈妈是妈妈们的目标。于是，她们为了子女教育开始学习：既学习心理学，又学习人文科学；既学习孩子成长阶段的相关知识，又学习情绪引导。妈妈热衷于学习新知识，并且乐于见到这些知识在孩子身上发挥作用，不仅对孩子的学习有帮助，对品格、感知能力、社交能力的培养都很有帮助。因材施教是根本原则，还要理解孩子的情绪，并且给予适当的激励。

妈妈努力让孩子出人头地，如果孩子取得成就，代表自己发挥所长，成为"有能力的妈妈"，成为让旁人羡慕的"了不起的自己"，妈妈也会有成就感。教练式妈妈就是以孩子为重心的"子女教育欲"和以妈妈自身为重心的"自我价值实现欲"结合的产物。

如今，教练式妈妈已成为好妈妈的典范。但仔细想想，妈妈的这种积极教导，真的对孩子的成长有益吗？得到称赞的教练式妈妈真的不存在问题吗？其实，教练式妈妈的教导中隐藏着两种可能会让孩子出现心理疾病的危险因素：一是教练式妈妈变为经纪人式妈妈，二是教练式妈妈扼杀了孩子的自发性。

成为经纪人式妈妈的过程

经纪人式妈妈就是所谓的管理型妈妈，因对子女的教养方式如同经纪人对待艺人一般而得名。妈妈负责为孩子制订学习计划、管理孩子的日程、接送孩子上补习班。为了孩子能心无旁骛地学习，妈妈还会清除周围可能妨碍孩子学习的所有障碍。

虽然"经纪人式妈妈"这个称呼给人一种为了学习强行牵着孩子走的负面印象，但实际上这类妈妈具备极强的信息搜集能力、实践能力、经济能力以及与孩子沟通的能力。从某种角度看，给这种有能力的妈妈冠以"经纪人式妈妈"这样的负面称呼并不妥当。

其实，提起经纪人式妈妈，是为了和教练式妈妈进行比较。如果说经纪人式妈妈是将全部精力投注到孩子的学习中的妈妈，那么教练式妈妈则是对孩子的品格、情绪、学习等各方面进行全面管理的妈妈。经纪人式妈妈注重的是"教导"，即单方面的教学和引导；教练式妈妈注重的是"引导"，即根据孩子的能力激发其潜能。经纪人式妈妈会单方面安排好孩子的日程，强迫孩子照着做；教练式妈妈对孩子有同理心，并且会根据孩子的能力制订计划。妈妈们在不知不觉中认为经纪人式妈妈是负面形象，教练式妈妈是正面形象。这是错误的认知。

其实，教练式妈妈是经纪人式妈妈的前一阶段。教练式妈妈为什么会变成经纪人式妈妈？教练式妈妈注重孩子的健康、情绪、品格以及学习。其中最重要的就是学习，因为学习需要最多的信息、技巧以及努力。

大部分教练式妈妈是这样想的："我和其他妈妈不同，我不觉得学习是人生的全部，孩子的感性认知与人格更重要，我会按照孩子的能力来规划学习。"但是，这种心态只会持续到上小学之前。孩子上幼儿园时，即使邻居家的孩子去上双语幼儿园、数学补习班，妈妈也能不为所动。孩子上小学后，妈妈很难继续保持这种心态。如果孩子听写只得了40分，妈妈就会焦虑不安。学习不好的孩子会交不到朋友、没有自信，学习也会越来越跟不上；小学阶段没有养成好的学习习惯，等于输在起跑线……有多少妈妈听到这样的话还能无动于衷？于是，妈妈不得不强迫孩子学习。

最终，妈妈的指导项目集中在学习这一项上，从注重人格、感性认知的教练式妈妈转变成学习至上的严厉"教练"。安抚孩子的情绪、对孩子的同理心都只是让孩子好好学习的手段。教练式妈妈的目标从培养出色的孩子缩小为培养学习好的孩子。

　　教练式妈妈开始积极介入孩子的学习，为孩子制订长期和短期学习计划，规划详细的日程安排，并且督促孩子按计划执行。尽管如此，她们仍然认为自己是很好的教练式妈妈，认为自己根据孩子的能力、怀着对孩子的同理心进行规划，所以不会有问题，全然不知自己已经开始慢慢变成经纪人式妈妈和直升机式妈妈，陷入巧妙的自欺陷阱。

　　明智的妈妈能够认清教练式妈妈与经纪人式妈妈之间的分界线，但还是有许多妈妈在不知不觉中越界。下列情况可以看作转变为经纪人式妈妈的信号：第一，教导孩子的重心是学习；第二，对孩子近期和中期的学习目标规划得细致、明确；第三，孩子的学习日程十分紧凑；第四，严格要求孩子遵守计划、达成目标。

　　符合以上四点，意味着已经变成经纪人式妈妈，即使仍然像教练式妈妈一样体谅孩子的能力、缓解孩子的压力、安抚孩子的情绪，都不过是督促孩子学习的手段。

　　了解教练式妈妈转变为经纪人式妈妈的过程后，再来看看教练式妈妈的其他问题。

"妈妈力"与"孩子力"的相互关系

　　教练式妈妈逐渐成为主流，负面影响也开始显现。所谓的优秀教练式妈妈使普通妈妈变为"问题妈妈"，网上流传的聪明妈妈的教育经验也让普通妈妈焦虑不安，越来越多的妈妈担心自己做得不好。职场妈妈更加焦虑，工作之余还要挤出时间积极履行妈妈的职责，身心俱疲。当今社会的现状是，"好妈妈"难当，普通妈妈看上去都是"不良妈妈"。

我确信，比起教练式妈妈，"不良妈妈"更适合孩子。因为"妈妈力"越强，"孩子力"就越弱，一旦妈妈成为"教练"，孩子就很难摆脱妈妈的掌控。自此以后，孩子的学习、阅读、自由都在妈妈的掌控之中。

"妈妈力"就是管理能力，其作用是纠正孩子的行为习惯，要求孩子跟着妈妈的引导走。"孩子力"就是孩子的自发性，是孩子自身发出的力量。"妈妈力"过强，"孩子力"自然会被削弱。

举例来说，某种阅读指导方法要求孩子读完书后，跟妈妈一起讨论，用语言和文字表达自己的感受。这种方法的宗旨是，阅读有助于提升多种能力，不仅对语言能力、逻辑能力、表达能力、共情能力、探索能力有益，更重要的是可以提高学习能力、增强论述能力。因此，应该培养孩子的读书习惯，同时培养这些能力。这个方法听起来似乎没错，但并非所有的阅读指导都有益，其中也可能藏着陷阱。

阅读指导的得与失

　　有些妈妈认为，孩子读完一本书后撰写读书心得，才能提升语言能力、论述能力以及表达能力，甚至认为优秀的阅读指导是让孩子写下不止一页纸的读书心得。这件事可能会让妈妈很开心，但对孩子来说是很讨厌的事。当阅读成为不得不完成的作业，读完之后必须写读书心得，哪个孩子还会愿意亲近书本？

　　于是，有的指导"教练"说，如果孩子不喜欢写读书心得，可以改成亲子讨论的方式，询问孩子从书中学到了什么、书中最重要的词语是什么，引导孩子整理自己的想法并表达出来。对孩子来说，这也是件烦心事。可以尝试一次，看看孩子会有什么样的回答，大概不是"不知道"，就是"好烦"。即使回答了具体内容，也只会是简短的答案。为什么一定要抓着孩子讨论书的主旨还有觉得精彩的地方，又或者说出主人公的优缺点？

　　与语言表达相比，孩子更擅长想象。孩子的一句"不知道"中隐含着只有孩子自己才能感受到的无数想象。要求孩子用标准化的语言表达出来，只会让孩子感觉很混乱。

　　还有一种阅读指导，宗旨是在阅读过程中利用五种感官进行体会，要求孩子读完书后画张图或给书中的人物写封信。对喜欢这种方法的孩子来说当然是好事，对不喜欢写字、画画的孩子来说却很麻烦。如果读完书后，写字、画画成为义务，孩子同样会反感。有妈妈觉得孩子是因为创作不出来而痛苦吗？多半会觉得孩子是因为不想写作业而痛苦。为了不遭受这种痛苦，孩子也会渐渐远离书本、远离绘画。

其实，最好的方式是让孩子看完书后自主行动。孩子如果有兴致，就会主动写读书心得、画图或写信，顺应孩子的自发性即可。

如果妈妈觉得无法放任不管，可以询问孩子读完后感觉如何。即使孩子不想回答或敷衍了事，也要就此打住。如果妈妈实在觉得不够，可以试着建议孩子写出感受或画幅图。提一两个建议就可以，这样足以激发孩子隐藏的自发性。

但教练式妈妈往往会一直抓着孩子不放，直到孩子好好地完成任务。她们认为只有通过细心教导的方式提高孩子的能力，才是合格的教练式妈妈。她们还觉得孩子只是暂时不喜欢写读书心得，好好训练就能养成习惯，甚至觉得用图画表现文字的能力也可以通过训练强化。正因如此，她们积极地引导孩子阅读。其实，认为孩子可以通过训练养成某些习惯或产生某些能力的想法是一种错觉。用这种方式逼迫孩子养成习惯，只会扼杀孩子的自发性。

成人看似比孩子懂得更多，其实并非如此。成人往往被人生经验中既定的答案与逻辑所禁锢，孩子则拥有专属的独特情感与想象。别让孩子丰富的感性认知降至与成人相同的水平。

阅读的重点是让孩子在书中体会属于自己的独特世界，感受属于自己的色彩和香气。没必要让孩子具体地描述这些色彩和香气。"语言"是成人的逻辑与规范，会扼杀孩子的想象力和创造力。孩子在阅读过程中感受到的色彩、氛围、意境很难用语言表达出来，却十分重要。

如果将孩子在阅读过程中获得的感受比作颜色，妈妈可能会问孩子："在这本书中，你感受到什么颜色？"孩子感受到许多颜色，实在无法用语言描述出来，只能回答："不知道。"妈妈继续追问："是红色还是黄色？"孩子再次回答："嗯……真的不知道。"妈妈催促道："更像红色还是更像黄色？"孩子无奈地回答："红色吧。"孩子感受到的明明是五彩缤纷的世界，妈妈却用几种单调的颜色禁锢了孩子的思维。

用这种方式将孩子的感受简单地总结为"红色"，孩子脑海中的颜色不再生动，变成一个死板的词语。孩子独特的精神世界被妈妈摧毁，感受到的颜色开始褪色，最终只剩一种红色。只有任由孩子自由发展，他们心中的色彩才会渐渐生动起来，焕发新的光泽。

分享一个我的故事吧，大约是我小学低年级时的事，距今已有40多年。我依稀记得那时读过的一本书。那是一本偶然在书架上翻到的书，已经想不起书名了。现在回想起来，似乎是一本中学生读的青少年小说，并非童话书，作者是北欧人。尽管我隐约记得书中的内容，但除了关键内容，其他细节可能没那么准确。我记忆中的故事内容是这样的——某个村庄里有一个这样的风俗：孩子成长到一定年龄时，就要顺着一条长河滑冰前往位于河流末端的终点。要想抵达目的地，就要有出色的滑冰能力和足够的体力。这是一种实力和勇气得到认可的成人仪式。

　　主人公是一个学习滑冰没多久的孩子。一天，擅长滑冰的哥哥们要去河边完成成人仪式的挑战。其中一个哥哥提议主人公和他们一起滑完前半程，当作积累经验。身为初学者的主人公虽然有些害怕，但他想着滑完前半程就可以返回，便鼓起勇气加入了哥哥们的长河滑冰冒险。刚开始，他只打算滑完第一段路程，没想到到达之后又往前滑了一段。就这样，主人公逐渐通过难度越来越高的赛道，并且在哥哥们的帮助下通过了最难的一关，顺利抵达终点。

　　我已经记不清主人公遇到了什么困难，只记得结冰的长河、沿着长河团结向前的哥哥们以及懵懂地跟在他们后面最终抵达目的地的主人公。主人公在到达中间目的地后便想回家，但在哥哥们的劝说下再次出发，不知不觉中竟抵达终点，自己也十分惊讶。

　　现在，如果有人问我这本书的主旨是什么，我也答不出来。冒险？勇气？重视过程？团结互助？如何坚持到最后？这些都可以成为答案，但肯定不是正确答案。年幼的我仿佛跟随主人公一起，在白雪皑皑的冬天，与哥哥们一起滑行在长河上。那时，某种无法表达出来的感受将我包围。我不知道这本书对我有什么影响，只知道这个故事一直留在我心中，陪着我生活至今。白雪覆盖着的村庄、结冰的长河、帮助落后的主人公前进的哥哥们……写下这段文字时，书中的景象再次浮现在我的脑海中。

　　20世纪70年代，在首尔近郊的某间屋子里，一个小孩子就这样通过书本遇上一个北欧的滑冰少年。那本书并不知名，没多少人知道，现在也买不到。当时没有人要求我读，只是我偶然发现了。所谓好书，不在于书的内容有多好，而是在某个瞬间走近你令你读完后能一直留在心间的书。孩子的阅读也该如此。

如果当时我的母亲在我读完这本书后要求我和她一起讨论，并且让我写读书心得，会怎么样？也许我会用"勇气"或"冒险"之类的词语总结主旨，从书中感受到的意象和氛围却会消失，这本书也不会一直留在我的记忆中。那么小的年纪怎么可能将感受到的氛围及独特的感动用语言表达出来？幸好我的母亲从未要求我写读书心得，也不曾强迫我读指定的书，更没有要求我进行亲子讨论，才让这样一本偶然发现的书成为我的人生之书，至今仍留在记忆中。

其实，无法用语言形容的香气与颜色更可贵。随着年龄增长，留存心间的书香会渐渐融合生活经验的香气，形成独具魅力的人生韵味；留存心间的书本颜色会不断被刷上新的色彩，呈现更加绚丽的色泽。孩子读过的某本书会成为与妈妈对话的内容吗？不会。孩子的潜意识中残留的是某种颜色、香气、氛围。回顾小时候读过的书，你记得的是语言或主旨，还是氛围、场景或某种微妙的情绪？无法用语言表达出来的内容，更能长久地留在心中。

阅读的目的应该是阅读本身，而不应将其作为培养学习能力、论述能力、表达能力的方式，也不应希望通过阅读获取附加利益，否则只会消磨孩子对阅读的兴趣。孩提时代阅读的核心是乐趣，可以在阅读后安排一些活动，但如果这些活动会影响阅读的乐趣，就该停止。在网络时代，如果孩子愿意主动阅读，就很值得欣慰。

此处以阅读指导为例，是为了揭露看似完美无瑕的指导型教育中隐藏的问题。妈妈的各种不同方式的指导会这样随意摧毁孩子的世界，扼杀孩子的自发性。

孩子的想象力无法被培养出来，感官能力、论述能力、表达能力同样如此。妈妈误以为自己可以做到，但妈妈的想象力一定比孩子更丰富吗？妈妈的感官能力一定比孩子更敏锐吗？请让孩子顺其自然地发展。孩子会在妈妈看不见的地方，创造自己的世界。

练习对孩子放手

在妈妈论坛中，经常可以看到这样的内容："我的孩子今年读小学二年级，我指导他阅读后，他能够有条理地论述内容主旨、分析主人公的情感，我很惊讶。妈妈们可以试试这个方法。"

普通妈妈看到这些经验分享会感到焦虑。其实不必紧张，孩子的语言表达能力至少要到小学高年级才会真正得到发展。上述案例中的那个孩子，只是天生语言能力比较好。就像有妈妈说："我的孩子今年读小学二年级，经过跑步训练后，现在跑100米只要14秒。妈妈们也快试试吧。"孩子并不是因为受过训练就能跑得快，妈妈们遇到这种家长也会质疑："不是每个人训练后都能跑得那么快，真没常识。"但是，对于语言能力，却认为每个孩子都处在同一起跑线上，认为妈妈可以培养孩子的能力。

这些在妈妈论坛中分享的经验，通常会让其他妈妈感到焦虑，陷入自卑。千万不要上当，要无视这些所谓的"秘诀"。这些建议大部分是普通妈妈很难模仿的指导，甚至是不该做的指导。不看这样的妈妈论坛，才是明智之举。

世界上哪位伟人是被妈妈培养出来的？优秀的演说家、作家是因为妈妈的指导才有辉煌成就的吗？杰出的人都是靠自发性力量获得成就。再次强调，孩子有自己的世界，自发性会引领孩子创造自己独特的世界。如果妈妈以指导的名义管束孩子，即使孩子的世界发展得再好，也无法超越妈妈的世界。如果你想让孩子活得像你一样，那就尽情地干涉孩子吧。

妈妈们必须将"指导"一词从脑海中删除，不要再当孩子的"教练"，不要试着改变孩子，也别想塑造孩子。这的确很难做到，很多妈妈也会反驳："身为妈妈，怎么可能什么都不做？"但是，比起管束孩子，什么都不做反而更好。不必担心什么都不做会出问题，孩子的朋友、同学、老师，以及看过的书籍和电影、积攒的人生经验，都是他们的"教练"。孩子的世界比父母的世界更宽广。

实际上，很多妈妈担心的不是孩子，而是她们自己。对孩子放手不管的话，妈妈的人生该何去何从？在教育孩子的过程中得到许多乐趣和意义，放手后人生还有什么乐趣？一心关注的对象消失了，生活也变得没有目标，人生方向似乎也迷失了，妈妈会有种生活从高空坠落的感觉，内心空虚又焦虑。

问题在于妈妈将教养子女当作自我实现的手段，因为找不到发挥自己能力的地方，于是将全部人生投注到对孩子的教养中，让妈妈和孩子的人生被绑在一起，无法分割。妈妈的人生被孩子的日程安排得满满当当，孩子的人生被妈妈规划的日程牢牢束缚着，导致妈妈被孩子"囚禁"，孩子也被妈妈"囚禁"，妈妈过着"孩子的人生"，孩子也过着"妈妈的人生"。

妈妈有自己的人生，不应以孩子的"教练"身份生活，而要以自己为中心，重新思考自己是否企图通过孩子实现自己的愿望、是否将孩子当成自己的替身。如果答案是肯定的，请放开孩子的手，在别处寻找自己的生活寄托。

妈妈应该重新思考自己究竟为什么而活、生活的意义和乐趣是什么，必须摆脱"积极向上的妈妈"和"有能力的妈妈"这些人格面具，回到属于自己的生活中。

放手的最好方法就是前面提过的"忍住不说"。当孩子的行为不合你意时，一定要忍住，放手让孩子自己做。做起来可能有些难，可以先从每三次中忍住一次开始尝试。

直升机式妈妈的两个特性

接着谈谈直升机式妈妈。

教练式妈妈一不小心就会成为直升机式妈妈，总是"盘旋"在孩子周围，提前将孩子要做的事安排好。

直升机式妈妈有两种，一种是喜欢提供正确答案的"正解型妈妈"，另一种是总爱矫正孩子行为的"矫正型妈妈"。直升机式妈妈从高处向下看，对什么是好的、什么是坏的了如指掌，知道怎样做最高效，清楚不同科目该如何学习、要让孩子交什么样的朋友、孩子应该读什么书……直升机式妈妈会为孩子规划好所有的学习、生活路线，一旦孩子走偏了，就立刻加以矫正。她们认为自己就是正确答案，孩子只要按妈妈说的做就行。

一位妈妈为了培养孩子的阅读习惯，带7岁的儿子去书店买书。孩子在角落里翻看机器人画册，说想买。妈妈翻了翻书，发现书里的文字不多，大多是机器人打斗的图画，她觉得这是适合三四岁的小孩子读的书，对孩子的情绪发展似乎也没什么用。她觉得旁边的伟人传记漫画更符合孩子的阅读水平，对孩子更有好处，于是告诉孩子："机器人画册就在书店里看吧，这本伟人传记漫画更好，而且也很有意思。"孩子起初很抗拒，在妈妈的劝说下，只能失望地放下机器人画册，妈妈笑着称赞孩子懂事。这是日常生活中随处可见的事。

这种妈妈属于哪种类型？智慧的妈妈？教练式妈妈？其实

都不是，这种妈妈是直升机式妈妈。也许有人会疑惑，她只是给出了正确的建议，就是直升机式妈妈吗？其实，这种妈妈是隐性的直升机式妈妈，会在不知不觉中成为真正的直升机式妈妈。如果教练式妈妈经常扮演"正解型妈妈"的角色，最终也会成为直升机式妈妈。明智的妈妈往往会这样和孩子交流："妈妈觉得伟人传记漫画好像比机器人画册更好，也比较符合你的阅读水平。"孩子说："我不要！"妈妈回答："那就买你想看的书吧。"对话就此结束。买了孩子想买的书，妈妈也没有负面情绪，潇洒地接受了孩子的请求。既然孩子不喜欢妈妈给的建议，就不要强迫孩子。尊重孩子的选择，欣然给予鼓励，是明智妈妈的指导方式。

　　隐性直升机式妈妈和孩子之间的对话则会是以下这种情形。"妈妈觉得伟人传记漫画好像比机器人画册更好。"孩子说："我不要！"妈妈的语气略带胁迫："这本机器人画册上没什么文字，没有字的图画书是给那些婴儿车里的小孩子看的，你想变回小孩子吗？"孩子有些羞愧，但还是坚持想要机器人画册。妈妈继续劝说，甚至开始掺杂谎言："家里已经有机器人画册了，你还要买？这本下次再买吧。"孩子仍不罢休，妈妈再次语带威胁："你已经不是小孩子了，妈妈觉得伟人传记漫画更适合你，听话的孩子才是好孩子。"孩子无法回答，不高兴地说："知道了。"此时，妈妈往往还会说："你真乖，真听妈妈的话。"这并不是指导孩子的方法，这只是一种娴熟的控制。

　　为了得到妈妈的称赞，或者为了避免妈妈的责备，孩子会放弃自己的自发性。妈妈自认为正确的答案扼杀了孩子的自发性。明智的妈妈会将孩子的自发性放在第一位，只是在一旁给孩子提供其他选项，但一定不会替孩子做选择。直升机式妈妈则会替孩子做出最终选择。最终选择权归谁，是明智的妈妈和隐性的直升机式妈妈的差别。

直升机式妈妈会用自己的正确答案扼杀孩子的自发性。"伟人传记漫画比机器人画册更适合这个年纪的孩子"的答案看似没错，但仔细想想，这个答案不仅适用于自己的孩子，实际上对任何人都适用，只是一个平凡无奇、微不足道、显而易见的答案。这是大人的答案，也是扼杀孩子自发性的答案。反之，孩子选择的机器人画册是新颖、不同于他人、打破常规的答案。最重要的正是孩子的答案和自发性的答案。难道只有读完伟人传记漫画、被束缚在正解框架中的孩子能成为优秀的人吗？谁能保证孩子在读完机器人画册后不会成为人工智能时代出色的制造机器人的科学家呢？

妈妈必备的能力

没有妈妈会下定决心成为直升机式妈妈，她们都是在不知不觉中，别无选择地成为直升机式妈妈。韩国的子女教育文化和教育制度让许多妈妈被迫成为直升机式妈妈。

当今时代的韩国子女教育文化暗中将教练式妈妈树立为好妈妈的典范，认为教练式妈妈的作用是矫正孩子的问题以及为孩子提供好的方法。这正是成为隐性直升机式妈妈的开端。妈妈从孩子小时候开始的指导态度成为一种习惯，不知不觉就跨入了直升机式妈妈的范围。

从目前的韩国教育制度来看，没有父母的帮助，孩子就会落后。孩子从入学开始，就少不了妈妈的援助。从小学的作业到高考，每一步都需要妈妈的参与。为了让孩子集中精力学习，妈妈必须包办各项事务，使得普通妈妈渐渐成为直升机式妈妈。

妈妈根据自己的人生经验来判断什么对孩子有益，相信只要消除危险因素、引导孩子走上正确的道路，就能让孩子过上幸福的生活。但是，人生无法完全按照计划走，任何人都无法完美地掌控自己的孩子。

妈妈必备的能力，是"孩子不需要帮助时不插手"的能力。这个时代的妈妈该有的不是"帮忙的能力"，而是"不帮忙的能力"。妈妈确实很难做到不出手，因为只要妈妈帮忙，孩子就能一切顺利，怎么可以不帮忙？但是，在产生帮助孩子的想法时，应该学会适当地"袖手旁观"。不要剥夺孩子体验挫折与痛苦的机会，那样等于剥夺孩子的人生经验。父母要相信，通过犯错、失败和受苦，能够培养孩子的自立能力和意志力。

小贴士　开放式指导与封闭式指导的差异

　　妈妈们很难忍住不去指导孩子学习。在此介绍一下明智的指导方式。指导方式广义上可以分为开放式与封闭式两种。开放式指导提供多种答案，由孩子自行选择，并且对于孩子的选择，妈妈的反应很平静。封闭式指导的答案早已确定，看似在和孩子对话，实际上是通过诱导将孩子引向妈妈早已设定好的答案。如果最终孩子未按照妈妈的想法进行选择，妈妈可能会心情不好，并且责怪孩子。

　　开放式指导只会给孩子提供机会与信息。站在妈妈的立场上提供一两次机会或信息后，就不再插手，尊重孩子的选择。这就是不完美的妈妈和开放式妈妈的指导方式。只有这样，才能让孩子尽情地发挥自发性。

第四章

妈妈的愧疚感

个子不高是妈妈的错，内向是妈妈的错，
学习不好也是妈妈的错，一切都是妈妈的错。
孩子出现任何问题，妈妈都会自我反思，这是常见的妈妈心态。
妈妈心怀愧疚看似正常，但这样的心态可能会引发问题。
会有哪些问题呢？

寻找愧疚感的根源

满怀歉意的妈妈

一次，我在一所小学教授妈妈心理学课程，课后和家长们一起喝茶、聊天。一位妈妈在谈到上小学二年级的女儿时流下了眼泪："我女儿太成熟了。我和丈夫都要上班，每天晚上6点多才能到家。女儿放学后会自己去钢琴辅导班，再回家写作业，还帮忙照顾弟弟。其他妈妈都夸我女儿懂事，但我觉得很对不起她，不能像其他妈妈一样陪着她……对孩子很内疚。"

这位妈妈边说边哭，犹豫着是否要为了女儿放弃工作。旁边的妈妈们连忙安慰她："你女儿真懂事，真让人羡慕。"

我能理解这位妈妈的心情。其他妈妈可以在家做点心给孩子吃、陪伴孩子学习，自己却因为工作无法照顾孩子，所以，女儿坚强的样子让她十分心疼。这是一位对女儿有愧疚感的妈妈。

对孩子有愧疚感的妈妈很多，不只是职场妈妈，全职妈妈也会有这种愧疚感。只要孩子出现问题，她们就会觉得是自己造成的。下面是妈妈论坛中的几个案例。

> 我儿子体弱多病，一年中有一半时间在医院里度过。我特别注意饮食方面，其他方面也很用心。孩子会这样，是因为缺乏母爱吗？

> 我很内向，不敢给别人打电话，买东西时也会觉得不好意思。我家孩子可能是因为像我，性格也很内向。是我害了他，该怎么办才好？

> 儿子今年读四年级，身高只有一米三。我知道他不算高，但没想到是他们班男生里最矮的。我还以为孩子吃得好、睡得好，也喜欢运动，所以不用太担心，看来是我大意了。

　　妈妈论坛中不乏这样的自责言论。个子不高是妈妈的错，内向是妈妈的错，学习不好也是妈妈的错，一切都是妈妈的错。孩子出现任何问题，妈妈都会自我反思，这是常见的妈妈心态。妈妈心怀愧疚看似正常，但这样的心态可能会引发问题。会有哪些问题呢？

　　以上述那位因为心疼女儿而流泪的职场妈妈为例，小学二年级的女儿能做好自己的事，还会照顾弟弟，十分懂事。看着这样的女儿，妈妈应该有怎样的心情？女儿令人放心，妈妈感到满足、高兴即可。这位妈妈却因心疼女儿而流泪，问题就出在这里。妈妈满怀歉意的爱，对孩子来说其实是一种"毒药"。为什么会这样？因为好端端的孩子在妈妈眼里成了可怜的孩子。

女儿能够自主完成自己的事，还能照顾弟弟，并不觉得自己可怜，但妈妈愧疚的心情让懂事的孩子变成可怜的孩子。妈妈并非以欣慰的心情夸赞孩子，而是以怜悯之心对待孩子。孩子从妈妈身上获得的不是积极、快乐的正能量，而是悲观、辛酸的负能量。于是，妈妈的气味法则开始启动——妈妈散发的怜悯气味附着在女儿身上，迫使孩子带着让人心疼的气味生活。

这个孩子长大后，会发生什么现象？不管做得多好，她都会莫名觉得心酸。做得好应该感到高兴，为什么会心酸？因为妈妈觉得做得好的女儿让人心疼，妈妈的感受附着在女儿身上，让旁人也不由自主地觉得她让人心疼。假设女儿顺利完成一项艰巨的工作任务，同事不是祝贺她做得好，而是说"你太辛苦了"，就像妈妈对待她的态度一样。妈妈一直心口不一，嘴上夸她懂事，心里却觉得她很可怜。妈妈认为孩子可怜，孩子就会散发可怜的气味，导致旁人也用怜悯的态度对待这个孩子。这就是妈妈的气味法则。

是因为胎教没做好吗？

我曾受熟人之托，为一位妈妈做心理咨询。那位妈妈因读大学一年级的儿子而苦恼。

"我儿子性格内向，不擅长交际，不敢和人对视，平时沉默寡言。目前正在休学中，也不出门见朋友，整天待在家里玩电脑。我怕他会自闭，但孩子之所以那样都怪我。"

话说到最后，怎么突然开始自责？我询问原因，她有气无力地说："我没做好胎教。我怀孕的时候和丈夫的关系不好，一句话都不和他说。当时那种一言不发的状态好像影响了孩子。"

这位妈妈还说最近每天都在祈祷，向儿子忏悔。

她认为孩子内向是因为她没做好胎教，而且非常笃定。怀着夫妻俩的第一个孩子，却到了和丈夫不说一句话的程度，可见当时夫妻两个处于相当严重的冷战状态。妈妈看着孩子不爱说话的样子，便会想起当时的伤痛，觉得孩子会这样都是因为当时她不说话。每当看到沉默的儿子，这个想法就会反复出现在妈妈的潜意识中，最终得出"儿子内向的原因是没做好胎教"这个结论。

其实，我们无法判断这个孩子的内向是否由胎教引起，谁都无法证实胎教原因的对错。妈妈却相信一切都是因为她没做好胎教，这是妈妈的想法，无法改变。但是，这种愧疚的心态会对孩子造成极大的负面影响。说得极端一些，这位妈妈每天坚持的忏悔祷告，就像希望孩子生病的"诅咒"。

　　下面分析一下这位妈妈的问题。因为坚信儿子的问题缘于自己，所以每天祈祷，她的祈祷背后藏着"我儿子有问题"这个想法。她嘴上可能说着孩子没问题，潜意识中却将孩子看作"劣质品"。我在前面反复强调过，一旦妈妈认为孩子有问题，孩子就会变得有问题。而这位妈妈更大的问题是将孩子性格内向归咎于失败的胎教。胎教和遗传一样，是无法改变的定论。从相信胎教原因论的那一刻起，她的儿子就真的成了不可修理的"劣质品"。

　　妈妈的内心充满愧疚，会如何影响孩子的潜意识？既然妈妈是"罪人"，孩子也是"罪人"——让妈妈痛苦的"罪人"。孩子会在潜意识中认为妈妈是因为自己而痛苦，一切都是他的错。

　　妈妈散发"有问题"的气味，让孩子变得"有问题"，成为一个惹妈妈伤心的"坏孩子"，一个内心充满愧疚感的孩子。孩子也会在潜意识中认定自己是"坏孩子"，是内心充满愧疚感的孩子。期望增强孩子的自尊心，让孩子变得自信的妈妈反而培养出"没出息"的、充满愧疚感的孩子。

　　千万不要将孩子的问题归咎于胎教。那只是无法证实的猜测，不会带来任何好处。况且那不是爱，而是无知的表现。心怀愧疚的妈妈们，笑容里往往藏着悲伤，这种看不见的悲伤极其可怕。孩子见到掩饰悲伤的妈妈，也会在潜意识中被悲伤的情绪感染。妈妈真正的问题不是没做好胎教，而是认为自己没做好胎教这个想法。这类妈妈的问题在于心态。

"问题儿童"的心声

跟上述案例中的妈妈沟通时，我很好奇她的儿子究竟有多严重的问题，才能让她提起胎教时期的事。于是，我决定直接约见她儿子。我怕在诊室里见面会尴尬，就约在咖啡店里见面。她的儿子有些瘦，身高大约有一米八，是个很英俊的青年。

他尴尬地说妈妈千叮咛万嘱咐让他一定要来，虽然他有些紧张，但还是充分表达了自己的想法。我问他为什么总待在家里，他说："我性格比较内向，不怎么喜欢出门。几个要好的朋友很忙，我暂时比较无聊，只好在家玩电脑。"

他还说，不理解妈妈为什么担心自己。我问他对妈妈的看法，他说："妈妈过于担心我，可能因为我是独生子吧。总觉得她虽然嘴上一直说'你一定会成功'，心里却在可怜我。妈妈偶尔会跟我说对不起，我不知道为什么，但因为觉得很烦，并不想追问原因。我宁愿她像爸爸一样训斥我应该多出去走走。在家看妈妈的脸色，常常让我莫名地感到内疚，她也挺可怜的。"

我见到的那个儿子只是性格内向，看不出有其他问题。只是妈妈将儿子消极的那一点无限放大，她才会那么担心。再次见到那位妈妈时，我告诉她，她的儿子没问题，不用担心。我还建议她将对儿子的忏悔祷告改为真诚的感谢。我告诉她，对儿子表示感谢，会让她变得释然、幸福，这种情绪会将快乐的能量传递给儿子，让儿子从惹妈妈伤心的存在变为使妈妈高兴的存在。只要妈妈改变自己的心态，世界就会变得不一样。

　　我认为那个儿子是个很不错的青年。父母需要知道的是，自己的孩子在自己眼中和在他人眼中的形象大不相同。或许因为过于担心孩子，父母往往无法客观地看待自己的孩子，甚至低估自己的孩子。

愧疚感是种自我安慰

　　妈妈的愧疚感对自己和孩子都没有好处。为什么妈妈们会抓着这种不好的情绪不放？并没有被人指责孩子的问题都是妈妈的错，为什么要背负着既会伤害妈妈也会伤害孩子的愧疚感？这种心理究竟缘于什么？

　　究其原因，看上去让妈妈痛苦的愧疚感，实际上会让妈妈得到安慰。令人痛苦的情绪会带来安抚作用，难道不是自相矛盾吗？没错，矛盾是潜意识的属性之一。此处要再次提及超我的概念。超我负责掌管道德与伦理、罪与罚，愧疚感也在超我的范围内，它的作用原理如下。

　　孩子有问题→是我的错→我应该受罚→受罚后更安心。

超我的惩罚就是愧疚感。妈妈的意识虽然因愧疚感而痛苦，潜意识却因此好过一些。犯了错就该受罚，于是内心得到安慰。但超我就像一个疯狂的法官，往往做得很过分，例如让一个摔碎碗的孩子挨一整年的打。法律中有"一事不再理"原则，因某个罪行被定罪并受到惩罚后，不应再对同一罪行进行审判。但妈妈的超我会在施加惩罚后，一而再，再而三地重复惩罚，使妈妈无法摆脱"罪人"的身份，一辈子都要受罚。

妈妈的愧疚感其实是一种自我安慰，只是通过自我惩罚达到自我赦免、自我安慰、自我关爱的目的，而不是为了安慰、关爱孩子。动不动就对孩子说"对不起"的妈妈，看似满怀爱意，其实只是想安慰自己的自私的妈妈。带着愧疚感的妈妈看似牺牲最多，其实是最差劲的妈妈。从精神分析学角度来看，她们为了自我安慰，导致孩子"生病"。

愧疚感并非一无是处，它会监督妈妈不犯同样的错误。打骂孩子后产生的愧疚感可以提醒妈妈不要再犯。对未来的行为有指导意义的愧疚感才有用。胎教原因论这种对未来没有帮助的愧疚感只是一种惯性，却有许多妈妈背负着这种病态的愧疚感。自己制造的愧疚感只能由自己消除。妈妈要先对自己的超我进行审判，消除"都是我的错"的想法，告诉自己一切到此为止。

那位女儿很懂事的职场妈妈应该觉得对不起女儿，还是发自内心地称赞女儿呢？

那位将一切问题归咎于胎教的妈妈，应该自责，还是接受儿子的真实样貌，对儿子充满信心呢？

糟糕妈妈的真面目

某个妈妈论坛中有一段这样的抱怨。

> 世界上好像只有好妈妈。邻居妈妈们都对孩子很好，孩子同学的妈妈们都很聪明。每当看到妈妈论坛中的文章，我觉得其他人都将孩子教育得很好，没有像我这样的糟糕妈妈。我不知道自己有没有资格当妈妈。

有些妈妈觉得自己没资格当母亲，和其他妈妈相比，自己很糟糕，好像没有资格教育孩子，也觉得自己的性格似乎有问题。她们认为自己不够好，对妈妈的身份深感不安，时常担心自己做得不好，孩子会被自己影响。

很多妈妈认为自己是不称职的妈妈或不合格的妈妈。明明自信一些会更好，为什么要妄自菲薄？这种想法不会带来任何好处。从潜意识层面来看，这是由超我造成的。以"做到这种程度才算是好妈妈"的超我标准来衡量自己，让自己成为糟糕的妈妈，常常带着深深的自卑感。

自卑的妈妈担心孩子不如其他孩子优秀，害怕自己的不足会在孩子身上显现出来。这些妈妈会将孩子当成自卑心理的挡箭牌，比起孩子健康、快乐地成长，她们更关心孩子是否会揭露自己的缺陷。

人类是地球上唯一会谴责自己不好的动物。狗没有超我，不可能躺在沙发上烦恼自己为什么很没用。而人类即使没有被他人招惹，也会自我折磨。这是由于人类的自我和超我是分开的，自己期许的另一个我——超我——总是折磨自己。我们可能一辈子都不会听到别人骂我们很差劲，却每天都在自我贬低、自我否定。世界上对自己最狠的人，其实就是自己。

每当看到那些觉得自己很糟糕的妈妈，我都很难过。但更令人难过的是这些妈妈的孩子。如果妈妈对孩子不满意，孩子也只能成为差劲的孩子。妈妈散发"我很糟糕"的气味，即使孩子再好，也会成为可怜的孩子、差劲的孩子。一开始就毫无希望，再怎么努力地教养孩子都是徒劳。认为自己很糟糕的妈妈会将这种气味原封不动地传递到孩子身上。

总觉得自己不够好的妈妈其实很傻，因为她们从未想过这种想法对孩子是好还是坏，只是想通过惩罚自己来安慰自己，是惯性内疚的妈妈。

从精神分析的角度来看，惯性内疚是受虐症的倾向之一。受虐症是指遭受虐待时潜意识里会产生愉悦感的心理症状。受虐倾向进入内心，就会变成自虐倾向，也就是享受自虐的行为。

愧疚感是精神领域的自虐表现之一。妈妈们之所以无法摆脱

"糟糕妈妈"的头衔，正是由于这种自虐型的自我安慰。

愧疚型妈妈的悲剧

曾经有位妈妈担心读大学一年级的儿子会自闭，于是带着儿子前来咨询。他们并排坐在咨询室里的沙发上。妈妈在描述儿子的症状时，儿子先是一脸不悦，之后突然对妈妈大吼："给我闭嘴！"妈妈闻言，长长地叹了口气。我很惊讶，怎么会发生这种事？我请儿子先出去冷静一下。

我问那位妈妈，儿子在家时是否也这样骂她。她说，儿子从上高二起就时不时地说脏话，但像今天这样在外面骂人是第一次。我问她为什么不责备孩子，她回答："都是我的错，是我没教好孩子。他小时候特别乖，也很听话。我因为工作很忙，无法全心照顾孩子，但我对他的学习很关心。他要我做的其他事我都会帮他做，唯独对学习要求严格。孩子过得很辛苦，我却完全没发现。中学之前他考得好，我反而会逼得更紧，回想起来才发现孩子被我逼得'生病'了。高中之后，孩子不再好好学习。我骂过他，甚至对他动过手，都没什么用。孩子并不反抗，只是将自己关在家里不说话，生气的时候还会砸房间里的东西。刚开始我还会说他，但因为觉得都是我的错，也无法理直气壮地责骂他。不知道从什么时候开始，只要我唠叨几句，他就特别不礼貌地和我说话，要是我因此骂他，他不会回应，但会砸房间里的东西，后来甚至对我骂脏话。我第一次听到时也很惊讶，想想又觉得这一切都是我的错，他想骂就骂吧。于是，我假装没听见，觉得也许过段时间就会好起来。"

在孩子骂脏话、砸东西的时候，妈妈却什么都不说，这种情况出乎意料的多。妈妈努力教育孩子，孩子却学习不好、变得孤僻或叛逆，让妈妈觉得很愧疚。她们后悔自己没有考虑孩子的想法、忙于工作、对孩子逼得太紧……她们一一列出自己的"罪状"，认定都是自己的错，从此在孩子面前抬不起头。妈妈的权威逐渐被削弱，母子关系发生逆转。

面对内疚的妈妈，孩子一开始会觉得妈妈是为自己而痛苦，会对妈妈产生歉意。如果妈妈持续显露出这种愧疚的心情，就会进入下一个阶段：孩子认为妈妈确实做错了，自己并没有做错，不再对妈妈抱有歉意。之后，会演变为孩子为了证明自己没做错，向妈妈问罪，开始攻击妈妈："你为我做了什么？都是你毁了我！"一旦妈妈无法反驳，孩子就会夺走主导权，变本加厉地攻击妈妈。这样发展下去，孩子的行为越界时，就会变成对妈妈恶言相向，甚至使用暴力的"怪物"，最终酿成悲剧。

消除愧疚感的方法

愧疚型妈妈是超我妈妈的一种。超我妈妈因愧疚感而痛苦，那么本我妈妈呢？本我妈妈通常没有内疚之心，随心所欲地抚养孩子。她们不仅不会好好照顾孩子，还会发脾气、打骂孩子，丝毫不会觉得愧疚，认为自己没错，都是孩子不好。如果孩子对本我妈妈表示不满，说："你为我做了什么？"本我妈妈就会反击道："我生你、养你，已经很不错了，你还想怎么样？"孩子无法随意冒犯本我妈妈，因为妈妈认为自己没错，孩子顶撞也没用。本我妈妈是脸皮厚还是太理直气壮？不管怎么样，这样的本我妈妈比愧疚型妈妈更好。

妈妈能直接指出孩子的问题、批评孩子反而是好事，孩子可以反抗、抱怨、反思自己是否真的做错了。但惯性愧疚型妈妈不会指出问题所在，孩子只能通过妈妈微妙的情绪变化来猜测。虽然知道有问题却看不透，不知道究竟是自己有错还是妈妈有问题，分不清妈妈究竟是在责备自己还是在表现爱意，不能顶撞妈妈，也不能向妈妈道歉。渐渐地，愧疚与悲伤的"毒素"开始在孩子体内扩散。孩子却不明白自己为何难过、无力，于是更害怕妈妈的愧疚感。如果你自认为很用心地教养孩子，孩子却变得消极，罪魁祸首或许就是潜藏在你心里的愧疚感。

只要孩子出现问题，许多妈妈就会心生愧疚。这是很正常的事。但如果这种愧疚感成为习惯，就会引发问题。就像在毛毛雨中不会感觉衣服变湿，但积少成多，一直淋雨就会浑身湿透。当妈妈的愧疚感成为习惯，很容易成为愧疚型妈妈。

妈妈必须减少愧疚感。每个妈妈都会犯错、失败。如果你总觉得孩子的某种不良行为缘于你的错误，请用力摇头，否定这样的想法。这不是为妈妈开脱，而是为了孩子好。

我是很好的妈妈

世界上没有完美的人，完美的妈妈也不存在。然而，每当看到网上的成功育儿经验，总让人觉得许多妈妈都很完美，将孩子教育得很好，也很会辅导孩子学习，还能兼顾生活，方方面面都很拿手。其他妈妈看到后不免焦虑，觉得自己很无能，孩子也很可怜。想学着做却因为做得不好或做不到而后悔、自责。其实，那些所谓的优秀妈妈也会焦虑，因为不够好的妈妈、焦虑的妈妈是所有妈妈的写照。没有完美无缺的妈妈，就算有，对孩子来说也不见得是好事，因为妈妈眼中的孩子永远不完美。

"妈妈"一词中，隐藏着重要的真理：所有妈妈都是完整的。尽管不完美，但对孩子来说，是完整的妈妈。

母子关系源于一个完整的生命孕育出另一个完整的生命。这种完整无关身体，而是指精神上的完整。千万不要认为自己是不够好的妈妈，所以生下了不够好的孩子；也不要认为自己是完美的妈妈，生下了完美的孩子。请妈妈们坚信，你和你的孩子是最适合彼此的存在。

你所呈现的样子由你的生活经历铸就，这就是你最好的样子，有优点也有缺点，是完整的个体，不必与他人比较。对孩子来说，妈妈不必是完美的人；对妈妈来说，孩子也不必是完美的孩子。成为母子本就是命运的安排，是无人能替代的梦幻组合。你是否曾觉得自己很糟糕，想变得跟其他妈妈一样好？事实是，世界上的妈妈们各不相同，而你就是无可替代的属于自己孩子的完整妈妈。

有人经常指责你是糟糕的妈妈吗？恐怕只有你自己会这么想，并且不断散发这种糟糕的气味，孩子也逐渐成为糟糕的孩子。其实，现在的你就是很好的妈妈。对孩子来说，你的存在本身就是"满分妈妈"。你可以随时给予孩子关爱与呵护，和孩子一起开怀大笑，还可以让孩子尽情呼唤你，随时投入你的怀抱。这样的你，是世界上独一无二的妈妈，也是你孩子最好的妈妈。

对孩子没有感情的妈妈

曾经有位因为对孩子没感情而痛苦不堪的妈妈前来进行心理剧治疗。她有一个读四年级的儿子和一个读二年级的女儿，和儿子之间有许多问题。虽然她羞于展示自己的行为，但还是鼓起勇气站上了心理剧的舞台。以下是那个心理剧的某个片段，故事背景是主人公正在陪儿子做数学题。

> 妈妈（主人公）：你连这个都不会？你真笨！
>
> 儿子：（低着头不说话）……
>
> 妈妈（主人公）：说话啊！妈妈怎么教你的？你是没长耳朵还是没长脑子？真笨啊！
>
> 儿子：（依旧低着头不说话）……
>
> 妈妈（主人公）：你真是没救了，白痴！你倒是说话啊！（将书扔向地板。）
>
> 儿子：（一言不发，默默流泪）……
>
> 妈妈（主人公）：笨蛋，哭什么！你只会哭吗？快滚开！

演完这个场面，主人公十分羞愧，我又请她表演平时和女儿的对话。

> 妈妈（主人公）：（温柔地看着女儿）你真乖，真漂亮。这道题不会吗？妈妈不是教过你吗？这样做就可以，就是这样，真棒！（拍了拍女儿。）

看完这一幕，观众都惊呆了，因为主人公对儿子和女儿的态度截然不同。主人公说："我一直这样对待孩子，将日常情景展现在舞台上时，感受更明显，连我自己都觉得问题很严重。"

她尴尬地笑了。接着，我让她扮演她的儿子。这是心理剧中的角色交换法。妈妈的角色则由助演扮演。

> 妈妈（助演）：你连这种题目都不会？你真笨！说话啊！妈妈怎么教你的？你是没长耳朵还是没长脑子？真笨啊！
>
> 儿子（主人公）：（低着头不说话）……
>
> 妈妈（助演）：白痴！连这个都做不好！快滚开！
>
> 儿子（主人公）：（低着头不说话）……

角色交换结束，我询问她演完儿子的角色后有什么感受。她表情凝重地说："心里就像被一块石头压着，很难受，感觉自己会像尘埃一样消失。原来儿子每次挨骂时的心情是这样的。"

心理剧最大的优点就是可以换位思考，通过扮演对方的角色，设身处地地体会对方的情绪。这位主人公以她儿子的身份被责骂后，才知道自己对儿子造成了多大的伤害。她吐露了自己的心声："我最大的问题是对孩子没有感情。从儿子小时候起，我就对他没有什么感情，我也不知道为什么。因为我要工作，平时将孩子托付给我母亲，只有周末才会见面。是因为这个原因吗？看着儿子，我不觉得可爱，甚至觉得很烦。作为妈妈，却不爱自己的孩子，孩子会不会被我影响？"说到这里，主人公泪流满面。

通过演出心理剧，主人公释然了很多。不知为何，她对儿子始终不满意，平时重复着压抑怒火、瞬间爆发的模式。在心理剧中，我让主人公尽情宣泄对儿子的怒气，主人公大吼："笨蛋！白痴！滚出去！你不配当我的儿子！"她将所有想说的话说出口，痛快地释放了对儿子的负面情绪。

待主人公内心平静后，为了让她进一步体会到儿子的感受，我请她扮演儿子的角色，让她站在儿子的角度对妈妈说出内心的想法。

扮演儿子的主人公说："对不起，妈妈，我也想努力做好，但每次妈妈发脾气，我都很害怕。妈妈，你可以爱我吗？"

扮演儿子的主人公因为深切感受到儿子的痛苦而潸然泪下。她觉得心很痛，从没想过儿子心里会如此难受。

之后，我安排了一个让她面对自己的场景，鼓励她吐露心声。主人公用纸棒狠狠地敲打象征自己的椅子，说："你还是个妈妈吗？儿子到底做错了什么，你要这样对他？坏女人！你根本不配当妈妈！你要让孩子得精神病吗？"

她不停地敲打椅子，这是一种消除妈妈愧疚感的方式。

待主人公发泄完自己的情绪后，我让她与扮演儿子的助演见面。主人公抱着"儿子"说："儿子，对不起，妈妈也知道不应该那样对你，却控制不住自己，你的心该有多痛啊……以后我会努力看着你真实的样子。抱歉，我的宝贝，我爱你……"

主人公抱着扮演儿子的助演，泪流不止。

　　心理剧就这样结束了，主人公的心情也平静下来。结束后，通常还会安排一段时间，让观众分享与剧中相似的经历。

　　一位观众分享了自己的经历："我家和主人公家一样，老大是儿子，老二是女儿。怀老大的时候我的身体不是很好，医生说我流产的概率很大，叮嘱我不要乱动，最好卧床养胎。所以我辞职了，怀孕期间几乎卧床不起，还让我母亲帮忙照顾我。因为整天躺在床上不能动，还被迫放弃了自己喜欢的工作，我都快抑郁了，不时抱怨他还没出生就让我这么痛苦。或许从他在我肚子里开始就出现了问题，所以他出生时，我一点儿也不开心。有些人抱着自己的第一个孩子时会感动得流泪，我却完全无感。三年后，我生了二女儿，她很漂亮。那时我才体会到初生婴儿的可爱和为人母的喜悦。我对大儿子很愧疚，所以一直努力不偏心。原来，所谓的'十指连心，咬破哪根都一样疼'这个说法是错误的。主人公的经历让我意识到不是只有我会这样，谢谢。"

对母爱的刻板印象

　　不喜欢孩子、不疼爱孩子、怀疑孩子并非自己亲生，甚至有时希望孩子不存在的妈妈有很多。这类妈妈会怀疑自己是否真的爱孩子，也会思考自己为什么会有这样的想法。

　　这是因为大众对母爱有一种刻板印象，好像真正的母爱是将孩子视为福分，见到孩子就会很疼爱，和孩子在一起就觉得幸福，为孩子受苦也心甘情愿。母爱被誉为世界上最伟大的爱，被不断夸大和美化，仿佛身为妈妈就该付出人类最伟大的爱。但是，成了妈妈就能自发产生至高无上的母爱吗？成了妈妈就能突然变成爱的化身吗？答案是否定的。

是什么让妈妈怀疑自己对孩子的爱？一个原因是母爱中包含许多杂质，例如怨恨、焦虑、不满、厌烦；另一个原因则是妈妈的自卑感，妈妈认为自己并不称职，所以才会怀疑自己是否真正爱孩子。

母爱的形式各不相同，有温暖的爱、冷静的爱、执着的爱、不冷不热的爱、不安的爱，充满渴望的爱、勤劳的爱、懒散的爱……重点是妈妈无法自主选择爱的方式。妈妈对孩子的爱是一种命运，由妈妈、孩子以及大自然三方的气韵融合而成，并非出于妈妈的选择，是自然形成的。哪个妈妈想对孩子冷酷无情？妈妈并不是有意为之，这样的爱虽然不像爱，却是无数种母爱中的一种。

有些孩子和妈妈投缘，也有些孩子和妈妈不投缘。妈妈和孩子的相遇是缘分，也是命运。第一眼见到孩子就不怎么喜欢？这不是妈妈能控制的情感，只能说明孩子和妈妈生来就是这样的缘分和命运。这种情况下，只要顺着命运的安排，留心与孩子的相处，和孩子保持健康的距离，凝视孩子的真实样貌。过于依恋孩子不是好事，保持健康的距离，孩子才能健康成长。

没有不合格的妈妈

那句谚语"十指连心，咬破哪根都一样疼"意思是说父母对每个子女的爱都一样。但这句话里隐藏着一个秘密——这十根手指并非同样美丽，一定有一根手指是最好看的，可能觉得小指特别好看才做了美甲，也可能因为觉得无名指不好看而不想戴戒指。但不论咬破小指还是无名指，都会觉得痛。也就是说，平时可能会有偏爱的孩子，但当孩子不舒服或生病时，妈妈都会同样心疼，疼爱的程度或许不同，但对待生命的态度并无差别。这就是母爱的本质——母爱是守护生命的爱。

妈妈赋予孩子生命并哺育孩子，疼爱孩子、理解孩子、教育孩子、给孩子买好东西等，都是附带的职责，不要因为这些事没做好就质疑自己对孩子的爱。

诞下一个生命，将这个生命抱在怀中，用母乳喂养，本就是一个奇迹。孩子在妈妈腹中长达十个月，靠妈妈血液中供给的营养成长，从妈妈的身体里诞生，以母乳为生命的养分。拥抱、哺乳、换尿布、洗澡、哄逗、训斥、称赞、厌恶、担心、惋惜、愧疚、心疼……这些不是爱的话，又是什么呢？这是一种比世界上任何事物都伟大的爱。妈妈就是爱的化身。

很多妈妈误解了母爱，觉得如果自己没有给予足够的母爱，孩子就会出问题。这种想法其实是妄想——认为不能没有母爱的夸大妄想和不够爱孩子就会毁掉孩子的被害妄想。

　　孩子感受到的爱不是只有来自妈妈的爱。母爱对孩子很重要，但不是全部，孩子还会感受到来自朋友、同学、老师、邻居、大自然、整个世界的爱。如果妈妈试图用母爱填满孩子，会让孩子一辈子都无法摆脱对这份母爱的依赖，最后演变为将母子捆绑在一起的病态的爱。留有余地的爱、粗心的爱、不完美的爱，都是健康的爱。妈妈做到这种程度就已足够。尽自己所能去爱孩子，用自己的方式爱孩子，不要怀疑自己对孩子的爱。

小贴士　我是多少分的妈妈？

　　作为妈妈，你会给自己打多少分？

　　写下给出这个分数的理由。如果低于70分，你很可能是"问题妈妈"。这里所说的问题并不是指妈妈的能力不足，而是妈妈认为自己是一个低于70分的妈妈，因为多少分的妈妈只能给孩子多少分的爱。你是否因为分数低而自责？自责可以解决问题吗？

　　妈妈的分数不是对能力的衡量，而是对心态的评估。如果你能看到孩子真实的样貌并疼爱他们，就是满分妈妈，不用在意其他能力。给孩子打100分，你就是100分的妈妈，给孩子的分数就是妈妈的分数。

　　现在，再次进行自我评分，你会打多少分？

应该抛弃的教养"神话"

"0~3岁成长关键期"的烙印

一位职场妈妈在育儿咨询论坛上讲述了她的烦恼。

> 孩子出生之前我就很苦恼……看到刚出生的漂亮婴儿后更苦恼了。我该继续工作，还是辞职在家陪伴孩子成长到3岁？听说孩子在出生后的3年里由妈妈亲自抚养，才能和妈妈形成良好的依恋关系。但如果离开职场3年，工作经验就会中断，到时还能顺利地回到职场吗？我实在不知该如何选择。

这是所有职场妈妈的心声。想放下工作专心照顾孩子，现实却不允许。除了经济问题，放弃自己的事业也很可惜。妈妈觉得这样的自己很自私，左右为难。除了想亲自抚养孩子，更担心孩子会因为没有被妈妈亲自照顾而出问题。

对没有亲自抚养孩子的妈妈来说，"0~3岁成长关键期"和"依恋关系"这两个概念非常有影响力。有人认为3岁前是孩子成长的重要时期，必须在这段时期形成良好的依恋关系。许多育儿书籍也强调亲子依恋理论，某本畅销书中有这样的观点：无论牺牲什么，孩子出生后的3年里，妈妈一定要亲自抚养，如果必须上班，就带着孩子去。书里还说，交给其他人照顾的孩子，小时候可能看不出来，青春期开始就会出现问题。这些观点毫无科学依据，过于夸张。作者大概是为了强调妈妈亲自抚养孩子的好处，才会提出如此的主张。

在如此看重"0~3岁成长关键期"的社会，将孩子托付给他人照料的妈妈们是怎么想的？她们是不知道还是不相信孩子0~3岁的依恋关系理论？无论信与不信，"0~3岁成长关键期"这个概念都深深地烙印在妈妈的潜意识中。如果孩子的成长没有出现太大的问题倒还好，一旦出现问题，职场妈妈就会立刻想到这个概念，然后得出这样的结论——都是因为自己当时没有亲自照顾孩子。

曾经有位因小学一年级的儿子不爱上学而烦恼的妈妈前来咨询。

"我的大儿子不想上学，和朋友相处得也不好，我觉得是因为小时候没有和我建立良好的依恋关系。孩子3个月大时，就被交给我母亲照顾，感觉他很渴望母爱。是不是因为一开始我没有亲自照顾他？都是我的错。"

因为工作原因，这位妈妈无法亲自照顾孩子，起初心里有些愧疚，但并没有太担心。然而，孩子上小学后，出现了问题，入学初期就不喜欢上学，也无法和朋友好好相处。老师告诉这位妈妈，孩子总是很焦虑，也很内向。她很担心，觉得儿子变成这样是因为自己当初没有亲自照顾他。

不是只有这位妈妈有这样的想法，许多因子女教养问题前来咨询的妈妈都表达过类似的想法。职场妈妈对于自己无法陪伴孩子成长这件事十分自责。

对依恋理论的误解

关于依恋理论，有必要进行补充说明。依恋理论由英国发展心理学家约翰·鲍比提出。该理论指出，婴幼儿时期，孩子必须持续得到父母或养育者温暖、亲密的照顾，才能健康成长。这一点毋庸置疑。反过来说，如果孩子没有得到来自养育者的温暖的爱，可能会引发精神方面的问题。这也是理所当然的事。

这个理论的重点不在于谁来抚养孩子，而是养育者的态度。只要养育者持续给予保护和支持，对待孩子始终温暖如初，就会形成安全型依恋关系；如果养育者出现遗弃、拒绝、虐待以及态度前后不一致等行为，就会形成不安全型依恋关系。因此，孩子由稳定的养育者照顾时，并不会产生问题，养育者虐待孩子或者放任孩子不管才会产生问题。就算是不安全型依恋关系，也不必看得太严重，因为不安全型依恋关系虽然是心理问题的诱因之一，但其本身并不是病理性的。

最重要的是，不要将依恋理论视为一种定论。提出该理论的约翰·鲍比曾说过，人类的发展会持续变化至青少年时期。因此，更不应将依恋理论解读为定论。

然而，对依恋理论的重视使得一个始料未及的现象出现——依恋理论的概念被夸张地歪曲为"0~3岁时没有被妈妈亲自照顾的孩子会出现心理问题"。之所以出现这种错误解读，可能是因为约翰·鲍比提出该理论时，研究对象是孤儿院里的孩子。孤儿院里的孩子由保育员照顾，导致这一理论被歪曲。自此，依恋理论一直被误解，仿佛妈妈不亲自照顾0~3岁的孩子，就会让孩子变成"问题儿童"。这种被歪曲的依恋理论困扰着职场妈妈们。

依恋关系的问题多半缘于"如何养育"，而不是"谁来养育"。尤其是持续放任和虐待，是依恋关系产生问题的关键。如果养育者无法及时满足孩子生理上和情感上的需要，或者对孩子施以身心虐待，孩子就会出现问题。不管由谁来抚养孩子，只要没有放任或虐待的行为，孩子的成长就不会出现太大的偏差。如果将孩子委托给家人或熟人照顾，妈妈无须担心；就算托付给保姆或托儿所，只要看护人和育儿环境具备平均水平，也不会有太大问题。一般来说，正常的看护人很少会持续虐待孩子或对孩子放任不管。

据统计，在 30 多岁这个年龄段的家庭中，双职工家庭占42%，也就是说，将近一半的职场妈妈会因为工作问题将孩子托付给他人照顾。妈妈亲自照顾孩子固然好，这些没有被妈妈亲自照顾的孩子也不一定会成为"问题儿童"。

困在依恋理论中的衍生问题

如果觉得不亲自照顾孩子，将来肯定会后悔，那就放下一切，专心陪伴孩子。如果已经决定将孩子托付给他人照顾，那就将"依恋理论"和"0~3 岁成长关键期"的概念从脑海中抹去。

妈妈不应被依恋理论所困。困在这种理论中的妈妈，一旦觉得孩子有问题，就会陷入定论，认为一切都是因为自己没有亲自抚养孩子，将孩子的问题归咎于当时没有好好建立依恋关系，从而陷入以下模式：

> 孩子有问题→孩子小时候未建立良好的依恋关系→
> 是我的问题→必须矫正孩子→牺牲→奉献。

最后，形成了"戴上有色眼镜→产生愧疚感→成为矫正型妈妈→给予孩子名为爱的'毒素'"的模式。一旦陷入这种模式，妈妈就会将孩子内向、爱咬指甲、总是一个人玩、学会说话的时间很晚等问题都归咎于未建立好依恋关系。因为依恋关系没建立好，孩子自然会有问题，一切都因妈妈而起。被困在依恋理论中，妈妈和孩子都会身陷泥淖，无法脱身。

如果妈妈的脑海中没有这些观念，会单纯地认为孩子只是不太适应，只要时候到了就会好转。她们会耐心等待，并不会觉得内疚。只要不被困在依恋理论中，一切都不是问题。

职场妈妈们总是担心保姆会不会对孩子疏于照顾、幼儿园老师会不会欺负孩子。其实，就算妈妈亲自照顾孩子，孩子上幼儿园后也难免会出现各种问题，只不过职场妈妈会因为自己没有亲自照顾孩子而内疚。妈妈们只要多关注孩子的日常生活和精神状态，多和孩子交流，就能尽量避免这类事情的发生以及这类事情长期持续下去可能会对孩子造成的心理影响。

其实，妈妈们不必过度担心，孩子的内心如同浩瀚的宇宙般神秘，就像我们无法完全了解宇宙中有什么以及它如何产生、为什么产生，我们也无法看清孩子的内心宇宙中有什么以及它会如何产生影响、为什么会产生影响。

孩子的早期记忆是一片未知的宇宙

我以大众为对象，使用"自我分析剧"疗法。自我分析剧利用戏剧技巧分析一个人的早期生活记忆，从而探索一个人的人生秘密。童年记忆在心理学领域极为重要，心理学家阿尔弗雷德·阿德勒曾提出，早期记忆中藏着个体的价值观、生活模式以及行为方式。在精神分析领域，早期记忆在揭示潜意识方面也起着重要作用。运用戏剧技巧进行自我分析，可以在更短的时间内完成更强力、更深入的分析。从近十年的自我分析剧治疗经历中，我发现早期记忆不仅能解释心理问题，还能解释命运、人生使命等问题，是潜意识的"宝库"。

　　人们通常认为早期记忆是某些独特而强烈的记忆，其实并非如此。多数记忆都极其平凡，例如独自坐在客厅里、从二楼屋顶俯瞰街道、被妈妈背着去某个地方……都是很平凡的日常记忆。令人惊讶的是，这些看似没什么意义的记忆中竟然隐藏着生命的奥秘。早期记忆包含命运和人生使命。当我发现这些微不足道的记忆里藏着一个人的秘密时，我很惊讶，甚至感到恐惧。

　　使用自我分析剧疗法时，我的价值观曾出现过混乱。我并不是一个命运论者，虽然我相信出生和死亡的日子是命中注定的，但除此之外，都在于人的选择。我还认为一个人出生在这个世界上，并非有什么特定的目的，只是像郊游一样愉快地来玩一趟。在通过自我分析剧治疗患者的过程中，我对人生的看法逐渐发生了变化。"我们的人生是已经写好的既定剧本吗？""人生似乎不只是来玩一趟，每个人是不是有各自的人生使命呢？"……我又开始重新思考人生及命运。早期记忆里藏着很多秘密，足以动摇我的价值观。

　　早期记忆不是个人取舍的产物，而是自然形成的最初记忆。在无数事件和经历中，没人能解释为什么某段记忆会成为早期记忆。或许可以猜测一下：那段记忆之所以被保留下来成为早期记忆，是为了传递重要的信息。有趣的是，即使是对相似事件的记忆，每个人的记忆重点也不一样。

　　例如，每个人关于迷路的记忆都不太一样：独自徘徊在小巷里的记忆、坐在路边哭泣的记忆、在派出所里和警察叔叔一起玩的记忆、笑着呼喊来接自己的爸爸的记忆、牵着哥哥的手找路的记忆……虽然同样遭遇了迷路这种令人手足无措的状况，但每个人记忆里的内容都不一样。我认为这种"不一样"是命运：有人独自勇敢地寻找回家的路，有人不知所措地站在原地哭泣，有人玩得忘乎所以，有人遇到了"拯救者"，有人和同伴一起寻找回家的路……

　　虽然状况相同，但每个人记忆中的内容都不一样。每个人都有自己特有的人生。即使经历同样的事件，孩子也会有自己独特的体验，别人无法知道孩子的内心世界有怎样的经历。在0~3岁这个阶段，孩子们获得了像天上的星星、海边的沙子般丰富的人生经历。

　　"因为没有亲自教养孩子，所以孩子出现了问题"这个论调既无知又愚蠢，千万不能相信。妈妈不在身边的时候，谁知道孩子有怎样的体验？可能是在没有妈妈的房间里独自玩积木，试着创造世界的艺术性体验；也可能是睡醒后独自在空荡的房间里感到孤独的哲学性体验；或是被奶奶抱在怀里，将温暖的感受铭记在心的情感性体验……

孩子用自己独特的方式认识世界，这便是属于孩子的人生。孩子被一句"因为妈妈没有亲自教养"定义为"问题儿童"，是不合理的。这无异于妈妈在孩子纯白的人生图纸上，用红色油漆写下一句醒目的"这是一个依恋关系不良的孩子！"。

胎教论、0~3岁成长关键期论、依恋理论的假象

孩子到底经历了怎样的独特体验，父母无从得知，那是一个神秘的未知世界。在这里，我想和大家分享我女儿小时候的故事，与"分离焦虑"有关，这应该是每个有孩子的家庭都有过的经历。

我们家是双职工家庭。大女儿2岁的时候，二儿子出生了。当时，我们住在罗州乡下的医院公寓里，周边没人能帮我们照顾孩子。刚开始，我们找了一位阿姨照顾女儿。二儿子出生后，阿姨觉得同时照顾两个孩子很累，便辞职了，我们只能重新找人照顾孩子。在物色人选的过程中，经介绍，我们认识了一位村里的驼背奶奶。这位奶奶和她的丈夫一起生活，由于年迈，无法再干农活，正觉得没事做的时候，和我们家结了缘。

对年迈的奶奶来说，同时照顾两个孩子确实很辛苦，于是我们决定将3岁的女儿送去托儿所。第一天去托儿所的时候，因为

妻子要上班，是我单独送女儿去的。我至今还记得那天发生的事。那天，我将女儿交给老师，正要转身离开时，女儿紧抓着我的手，开始哭泣："爸爸不要走……我要跟爸爸一起走……"我认真地向她解释，不是要将她丢在这里不管。由于自己是精神科医生，我的想法更复杂，担心这种突如其来的离别会给女儿留下心理创伤。我心疼地抱着她哄了近一小时，但她仍然不愿放开我的手。我看着紧抓着我的泪汪汪的女儿，那一瞬间，我的决心有些动摇，觉得好像还不是时候。但我很快找回了决心："我不能心软，如果这次心软，至少一年内无法再带她过来，我得狠心一些！"

我安慰女儿："爸爸该走了，不过爸爸很快就会回来。你在这里和小朋友们一起玩，到时候爸爸来接你。"同时，我试图拨开女儿的手，她却握得更紧了。我焦急地看着她的双眼："爸爸很快就来接你。"这时，女儿的手稍微松开了一些，我连忙抽出手并拥抱女儿："你真乖，好好跟老师和小朋友们玩！"我将女儿托付给老师，准备离开。走出托儿所大门时，我总感觉不放心，所以回头看了看，发现女儿不知什么时候爬上了滑梯，正看着我。不知道是不是害怕再也见不到爸爸，所以她想多看几眼。

还有一段关于女儿的难忘的记忆，也与"被抛弃"有关。

当时女儿大概5岁，已经上了两年托儿所。托儿所每天3点放学。因为当时妻子在光州上班，所以由我负责接女儿。家里的车被妻子开走，我每天工作到3点左右，就会借医院后辈的车去接女儿。托儿所离我工作的医院只有5分钟车程。每次我走进托儿所的大门，她都会开心地奔向我的怀抱。有时我会因为工作太忙而忘记去接她，好在我是向后辈借车，就算我忘了，一到时间，后辈也会提醒我："前辈，是不是该去接孩子了？"

某天，就诊患者特别多，下午还要指导学生，我一直忙到下班时间，总觉得哪里不对劲。"啊！我忘了去接女儿！"平常总借我车的后辈那天刚好休假，我急忙借了别人的车赶往托儿所。当我气喘吁吁地跑进托儿所，发现女儿独自站在教室门口。女儿的表情很微妙，似乎有些安心，又好像快哭了。一旁的老师对我说："她等爸爸等了好久呢……"

但是，我觉得女儿见到我的反应有些奇怪。我来接她，她不仅不开心，还避开我的视线，一句话都不说。是生气了吗？还是吓到了？无论我怎么哄她、逗她，她都不肯开口。我慌了，努力跟她解释，向她道歉，还连背带抱，使出了浑身解数哄她。或许是感受到了我的用心良苦，女儿的表情慢慢缓和下来，她奔向我的怀抱，这才让我松了口气。回家的路上，女儿坐在副驾驶座上，对我说："爸爸是不是很累呀？等我长大了，我开车载你。"

那天以后，女儿养成了一个习惯——哄她睡觉时，她会用小小的拇指和食指轻轻地抓住我的衣角。也许她的想法是："爸爸会不会又丢下我？这次千万不能松手……"之后很长一段时间里，女儿都抓着我的衣角入睡。

我至今记得这些事情，可能是因为心里有些担心女儿。女儿会不会因此产生分离焦虑？会不会对"被抛弃"感到不安？会不会不敢交男朋友？我总是胡思乱想，大概犯了精神科医生的职业病。

现在，女儿已经成了大学生。偶尔我喝完酒，会叫她来帮我开车。女儿小时候说的话成真了。我从未问过她是否还记得小时候的那件事。为什么没问？是害怕她铭记"被抛弃"的记忆？还是不想过问她的隐私？

之所以和大家分享我女儿的故事，并非为了说明即使我将孩子托付给村里的老奶奶或托儿所，孩子也没出现任何问题。我想说的是，有些事情会在我们没有察觉的时候影响孩子的心理。例如，虽然我认为女儿平安顺遂地长大了，但她可能会将我没去接她的那件事视为"被抛弃"而铭记于心，也可能她记得的只有对我说要开车载我的事。谁也不知道到底哪件事会在孩子的内心留下深远的影响。

不要执着于眼前的东西，生活并不会有条不紊地朝我们预想的方向前行。原因和结果并不明确。如果不知道原因是什么，何必要信奉所谓的胎教论、0~3岁成长关键期论、依恋理论，将孩子定性为"不良品"呢？坚信是自己的错，坚持纠正孩子的行为，这样的牺牲与奉献只会毁掉孩子。

职场妈妈们无法时时照顾孩子，心里该有多难受？如果孩子出了问题，又该有多痛苦？但职场妈妈们一定要坚定一些，不要有愧疚感。孩子的问题是由许多看不见的因素引起的，并不是因为妈妈去工作才产生的。不要轻易被各种理论左右，保持本心，奋力前进吧。

小贴士　摆脱这三种理论的方法

　　"因为孩子0~3岁的阶段我没有亲自教养""因为没有建立依恋关系""因为没有好好做胎教"……你是否认为这些过去的原因引发了孩子现在的问题？或者以后可能会引发问题？

　　如果完全不认同是0分，完全认同是10分，你给自己打几分？

　　如果分数高于5分，会怎么样？

　　孩子的成长过程中有很多变数。尽管如此，你还是绝对相信"0~3岁成长关键期"和"依恋理论"吗？

　　这样想，能给孩子提供什么样的帮助？会给妈妈带来什么样的好处？

　　如果确信"妈妈的缺席"成了问题，除了心怀愧疚，还有什么解决方案呢？

　　请思考上述问题的答案，然后重新打分。

第五章

妈妈的焦虑

普通的妈妈们变成了"焦虑的妈妈"。
这种焦虑的根源，
是对"我的孩子会不会被淘汰"的担忧。

学习焦虑：让孩子换个项目学

担心孩子会掉队

谈谈妈妈对孩子学习的焦虑吧。下面是某个妈妈论坛上的文章，内容是一位育有6岁女儿的妈妈对女儿应该上什么课外培训班的请教。

> 我女儿今年6岁，现在每天上英语、小学语文、汉字、数学和钢琴班，还在文化中心学习肚皮舞、参加讲故事的训练课程。目前女儿考过了韩国汉字能力测试八级。请问，这种程度够吗？

这篇文章有一百多条回复，这里只列出其中几条。

> 你女儿学得够多了。我女儿平时上幼儿园，课外学语文和数学，周六上创意美术体验课。

　　我家孩子每天学钢琴、美术和中文，还要做数学习题集、听英语听力、在线学习汉字，目前大概学会了150个汉字。最重要的是多对话、多阅读。

　　太厉害了！我家孩子刚开始学韩语字母。看了大家的评论，我已经开始担心了。

　　虽然评论区里有一些带炫耀成分的留言，但大部分都是妈妈们的叹息与焦虑，嘴上说着"何必让孩子学那么多东西"，心里想的却是"别的孩子学那么多东西，我该做什么？""是因为我懂的东西太少，才导致孩子掉队了吗？""我是跟不上时代的落伍妈妈吗？"……

　　普通的妈妈们变成了"焦虑的妈妈"。这种焦虑的根源，是对"我的孩子会不会被淘汰"的担忧。面对令人焦虑不安的现实，妈妈们无法闭上眼睛、捂住耳朵。如果忽视四周的声音，可能会让孩子的人生陷入危机。要不要逼迫孩子学习？有些妈妈无法放任孩子不管，又不想逼迫孩子；有些妈妈认为，如果逼迫孩子学习，就要学出好成绩，敷衍了事的话反而什么都学不到。很多妈妈都处于这种进退两难的境地。

　　哪位妈妈想用学习折磨孩子呢？她们也不想逼迫孩子学习，希望能让孩子自由自在地玩耍，等孩子想学习的时候再学，但现实情况不允许。以韩国为例，上幼儿园之前，孩子就要学习韩语字母、数学和英语。如果孩子终于学会读韩语字母，邻居家的孩子却已经能将英语单词背得滚瓜烂熟，或者听说孩子学习不好就会被孤立，妈妈们还能坚持不逼迫孩子学习吗？能够坦然面对邻居妈妈们仿佛在说"哪里来的胆量"的眼神吗？

孩子读小学后的情况如何？如果没有妈妈的推动和补习班的教导，孩子很可能会变成差生，这就是现实。妈妈们不得不将孩子送上"学习列车"。一旦上车，就无法回头。读小学时，为了不让孩子放弃数学和英语，所以强迫孩子学习；中学时期很关键，更不能停止学习。妈妈们也不想逼迫孩子提前学习，但如果不提前学习就进入高中，孩子的成绩从高一开始就会掉队。在韩国申请大学时，高中的在校成绩举足轻重，如果提交的成绩单不够理想，就很难进入好大学。在这种情况下，妈妈们怎么可能不让孩子提前学习呢？于是，孩子读中学时要提前学习，读小学时也要，甚至连上幼儿园时都要提前学习。妈妈们如何能对这样的现实视若无睹？孩子不搭上"学习列车"会不会掉队？无数妈妈为此十分焦虑。

尽管如此，越来越多的妈妈勇敢地对抗这股焦虑的风气，决心不让孩子卷入关于学习的竞争。她们更关心当下的幸福，而不是未来充满不确定的幸福。这是明智的选择，也是充满勇气的行为。

但现实不会"善罢甘休"。"等孩子想主动学习时就晚了，妈妈一定要尽早为孩子规划"这个说法，就会让妈妈们动摇。顺其自然真的是为孩子的幸福着想吗？会不会只有我的孩子掉队？妈妈们的烦恼无穷无尽。

除此之外，还有一些让这类妈妈更加焦虑的理论。

学习真的是一种习惯吗？

下面是某位妈妈的烦恼。

最近，我努力想让读小学三年级的儿子养成学习的习惯，每天都很累。之前，我一直觉得"学习是孩子自己的事"，用"孩子还那么小，没必要逼他学习"的借口自我安慰。但是，最近每次看到儿子在书桌前坐不住的样子，我就会思考是不是我没教好孩子。我认为必须培养孩子"坐得住"的能力，但我不知道应该如何培养学习的习惯。听说认识的妈妈们总是很凶地大吼大叫，甚至吓唬孩子，孩子才愿意学习。今天我也因为这件事和孩子闹得很僵。

这是妈妈们普遍拥有的烦恼。妈妈群体中流传着一些理论，例如："学习习惯要从3岁开始培养""婴幼儿时期不是让孩子学习的阶段，而是培养学习习惯的准备阶段""小学时期的学习习惯决定孩子的一生""学习好的关键不在于头脑，而是孩子能否坐得住"。

这些理论听起来似乎很有道理。妈妈不是逼迫孩子学习的人，而是引导孩子养成学习习惯的人。很多妈妈认为自己不是在逼迫孩子学习，而是在培养孩子的学习习惯，以后孩子就会主动学习。对于孩子的学习习惯，妈妈的想法很单纯：不要求孩子学习多努力，只希望孩子能主动完成该做的作业和简单的学习任务。如果孩子连这么简单的事都做不好，妈妈就会认为问题出在学习习惯上。

其实，有关学习习惯的理论只是巧妙的自我欺骗，因为引导孩子养成学习习惯和要求孩子学习是一码事。"学习习惯"不过是将孩子引到"学习战场"上的诱饵罢了。

学习是一种习惯吗？看似是，其实并非如此。学习不可能成为一种习惯，它不像握筷子或骑自行车，一旦学会了就可以永远记住。学习是一时性的，有确切的证据可以证明这一点。身为学生，从小学、初中到高中，每天从早到晚都要坐在椅子上听课。在我读书的那个年代，如果上课时不好好坐着或犯困，就会被老师点名批评。整天一动不动地坐着听课，按理说应该能养成学习习惯。但是，这种整天坐在椅子上的训练，真的能锻炼"坐得住"的能力、培养学习习惯吗？答案是否定的。在学校里坐10小时都无法养成学习习惯，在家里坐一小时就能养成吗？学校和家里有什么区别？难道在学校里会握筷子的孩子，回家就不会用了吗？

其实，"坐得住"理论是由韩国的寄宿高考补习班提出的。

备战高考的学生一天要学习15小时以上，确实需要"坐得住"的能力。也就是说，这是下定决心好好学习的孩子长时间持续学习时需要的习惯。强迫一个无心学习的孩子培养学习习惯，就像让小狗只用两条腿走路。或许小狗可以暂时用两条腿走一会儿，但无法这样走一辈子。"就算孩子无心学习，只要锻炼'坐得住'的能力，就会主动学习"这个想法是错误的。

有些孩子看起来好像养成了学习习惯，其实只是讲原则的孩子在听从妈妈的话努力学习后暂时养成的习惯。即使孩子暂时养成了习惯，一旦妈妈撒手不管，就会前功尽弃。这就是为什么小学时似乎养成了学习习惯、成绩很好的孩子，上中学后稍有松懈，学习习惯就消失了。学习习惯只是课外补习班的营销语言。回想一下自己的经历，你是因为拥有学习习惯才成绩好吗？还是因为没有养成学习习惯所以成绩不好？

拒绝课外补习的妈妈们的焦虑

有些妈妈奉行让孩子自由发展的教养理念，拒绝让孩子上补习班。这类妈妈尤其要小心"学习习惯"这个概念。她们心中藏着"孩子不去上补习班，是不是应该做些什么"的焦虑。这种焦虑很容易让她们被学习习惯所迷惑。如果妈妈以学习习惯的名义管教孩子，会出现很严重的问题。孩子被密集的日程安排束缚住，动弹不得，就连在家里都要被妈妈监视。与其这样，还不如让孩子去上补习班。对孩子来说，被妈妈的视线束缚比被补习班束缚更痛苦。

学习习惯最大的危害是会扼杀孩子的自发性。妈妈为了让孩子养成学习习惯，要求孩子一动不动地坐着学习。因为培养学习习惯的重要条件是"不让孩子做想做的事"和"学习时间表"，而这两点刚好是自发性的"敌人"。自发性和学习习惯，妈妈只能选择一项。

那些现在看似养成了学习习惯的孩子，要么天生就是模范生，要么是很听妈妈的话的孩子。他们中的大部分人的学习习惯都会在一段时间后消失。因此，不必羡慕所谓的"养成了学习习惯的孩子"，要下定"培养学习习惯会扼杀孩子的自发性，我一定不做这种事！"的决心。尤其是那些向往自由的孩子，与学习习惯是完全对立的。作为明智的妈妈，必须尽早了解这类孩子的个性，以免让向往自由的孩子被学习习惯的"锁链"紧紧捆住。

有位妈妈要求读小学二年级的儿子在学习前先去趟卫生间再喝杯水，以免孩子在学习过程中离开座位做别的事。不仅如此，她还会坐在旁边监督孩子。如果孩子在学习时想喝水或者想去卫生间，她会要求孩子看完书再去。通过这种方式培养孩子"坐得住"的能力，实在是非常糟糕的做法。

妈妈的初衷是想让孩子养成学习习惯，最终事与愿违，自己反倒养成了许多坏习惯：唠叨的习惯、压迫的习惯、监视的习惯、看不惯孩子的习惯、轻蔑的习惯、厌恶的习惯、不信任孩子的习惯。

孩子的学习习惯会在某个时间点消失，妈妈的坏习惯却会越来越顽固。

无法让孩子放弃学习的理由

尽管创新能力越来越重要，但现实社会对学历的重视仍有增无减。因此，大部分父母认为"毕业于什么样的大学会决定孩子未来"的情形并不难理解。既然名牌大学的学历能提高孩子在激烈竞争中胜出的概率，又怎能批判希望孩子考上名牌大学的父母呢？只是现实往往不如预期。

从前，大学经常被称为"牛骨塔"，这是将大学比喻为贫困的父母用卖牛的钱建成的建筑。只有卖牛、卖田才能供孩子读大学。俗话说，"穷山沟里飞出了金凤凰"，人们相信一个聪明的孩子能够光耀门庭，当时的情况也的确如此。但现在，父母倾尽所有并不是为了让孩子出人头地，只是为了不让孩子被淘汰。

在韩国，父母对子女的教育进行无上限的投资，却达不到预期，反而让孩子十分痛苦的事例屡见不鲜。就算孩子考上了名牌大学，还有很长的路要走。父母仍要给孩子生活费，直到孩子参加工作。孩子要想找到工作，首先要提供七项基础证明：学历证书、学分证明、英语水平测试成绩、职业资格证书、其他外语研修经历、实习证明、获奖证书。除此之外，还有很多需要提供的证明。工作稳定后，就该考虑结婚的事了，但结婚并不是能轻易完成的人生大事，可能费尽心思也很难走到结婚那一步。即使结了婚，还要面对生儿育女的问题，困难重重。如果中间出现什么问题，很容易让孩子成为"隐居型孤独者"。

即使父母从孩子幼儿园开始就将全部精力放在孩子的学业上，仍要面对各种不确定性。怎样才能让孩子成功、幸福？没有完全正确的道路。让孩子从小就上各种补习班，扼杀孩子的自发性，真的值得吗？这种逼迫孩子学习的心态背后，是妈妈的焦虑和欲望。

妈妈无法放弃逼迫孩子学习的原因有三个。

一是担心孩子被淘汰的焦虑感。这种焦虑感是理所当然的。多年以来，在韩国只有学习才能保障稳定的生活，才能得到出人头地的机会。即使现在说再多遍"读书无用"，脑海里的认知也不会轻易改变。更何况，如果孩子的成绩不好，从小学起就是后进生，很容易被其他孩子孤立，这让父母如何能停下催促孩子学习的脚步呢？

二是因无法继续担任"教练"一职产生的焦虑感。担任孩子的"教练"，是妈妈自我实现的途径，能让妈妈获得自尊感和存在感。要放弃这个职务，确实令人焦虑。不再管束孩子，妈妈能做什么呢？妈妈的生活原本被孩子的日程填满，突然无事可做，失去了目标，这是一件可怕的事。

　　三是因为妈妈的欲望。妈妈可以从孩子身上获得认可、胜利感、替代性满足感以及自尊感。要舍弃这种欲望确实不容易。如果做得不好，还会被别人批评为"不管孩子学习的妈妈"。

　　正是由于这样的焦虑和欲望，妈妈将孩子送上"学习列车"，一旦上车就无法中途下车。若想拯救孩子，妈妈应该摆脱焦虑，舍弃欲望，放弃"教练"一职，勇敢地面对他人的闲言碎语……然而，妈妈的内心有个声音在窃窃私语："不，我现在做的一切都是为了孩子，我不能后退。"

　　当然，只有极少数妈妈会这样逼迫孩子。大部分妈妈即使有欲望，也不至于觉得只要孩子成绩优异，就算让孩子痛苦也无所谓。我想强调的是，一般的妈妈不应全盘接受少数妈妈们提出的理论。孩子成绩好是好事，如果孩子喜欢学习，自然应该帮助孩子提高学习成绩。用"考上名牌大学"的枷锁束缚没有学习天赋的孩子，将孩子逼上"学习战场"，才是问题所在。

最终，自发性获得胜利

　　自发性是所有生命与生俱来的原始力量，是一种生命力，也是一种生存能力。这是一种自然涌出的力量，是充满创造性的能量。树木向着阳光伸展枝杈，花朵到了花期就会绽放，都是缘于生命的自发性。孩子拥有很高的自发性时，呈现的是好奇、热情、勇敢和不畏挑战的面貌。不想背英语单词的孩子一旦喜欢上英语说唱音乐，就能将难懂的英语文章背得滚瓜烂熟；讨厌学习的孩子一旦产生学习自发性，一天就能学习10小时以上。

看看身边的孩子们，他们就是自发性的代名词，充满好奇、热情、专注和活力。但是，随着年龄的增长，他们的自发性会渐渐消失。最好的妈妈，是能够激发孩子自发性的妈妈；而最差劲的妈妈，是扼杀孩子自发性的妈妈。

自发性的核心是"乐趣"。因为有乐趣，才会自发地做，一有空就做。培养孩子自发性的方法就是让他们做自己想做的事。

提起让孩子做自己想做的事，妈妈们就会开始担心和怀疑："要是孩子沉迷于游戏怎么办？""要是孩子真的放弃英语和数学怎么办？""如果放任不管，万一孩子的人生毁了，谁来负责？"……从父母的立场来看，如果什么都不做，会有一种不负责的感觉，还会感到焦虑。即使认同这种说法，放任孩子几天后又会感到焦虑，觉得非做些什么不可。

请冷静地思考一下，如果像现在这样监视孩子、压迫孩子、控制孩子，就会扼杀孩子的自发性。虽然很难做到，但一定要相信孩子的内在力量——自发性。"妈妈革命"始于对孩子的信任。

能够忍受怀疑与焦虑、给孩子足够自由的妈妈才是有前瞻性思维的妈妈。她们比别人先领悟到怎么做对孩子更好，并且勇于实践。这种类型的妈妈逐渐增多，由她们教养的孩子，将会成为新时代的主人公和领导者。

当今社会与以往不同，人们不会因为学习不好就挨饿受冻，人人都有机会靠自己的意志活得更快乐。名校毕业的人未必能拿到高薪，而且不管毕业于哪所大学，都能以同等资格参加公务员考试。在这样的世界上，我们需要什么样的能力呢？是享受自己人生的能力，即在日常生活中寻找乐趣、创造意义的能力。如果这种能力一早便被剥夺，那么孩子一生都无法体会到真正的幸福。对就读于名牌大学的学生进行某项问卷调查时，选择"十几岁时过得很不快乐"的人超过50%。这就是现实。

人生有两个重点：乐趣和意义。如果生活毫无乐趣，人生也没有意义；如果只追求乐趣，一切都是徒劳。人生就像跷跷板，一边是趣味，一边是意义，要保持两者的平衡，不能偏向任何一方。拥有和他人一起寻找乐趣的能力以及让身边的人更加幸福的能力，非常重要。拥有这些能力不需要大笔资金，也不需要名牌大学的学历。让自己的人生变得有趣又有意义的能力源于自发性。自发性是一种宝贵的资产，是一种自生能力。成功属于那些富有自发性的人。

"就让孩子好好玩吧，到了该学习的时候，自然会学习，人生的路终究要靠孩子自己走。"大约30年前，如果说出这种话，一定会被反驳："醒醒吧，那样会毁掉孩子的。"

时代真的变了，妈妈们的"台词"也应该改变。面对那些全心投入孩子学业，或是倡导"如果孩子小时候掉队，以后就很难追上别人，妈妈一定要盯紧孩子的学习"的妈妈，应该这样反驳："醒醒吧，紧盯着孩子只会毁了他们！"

妈妈一旦选择尊重孩子的自发性而不是只顾着提升成绩，就不要动摇。这一点相当重要，因为那些追求孩子成绩好的妈妈，已经走上了那条路，很难回头，所以不要轻易加入这场"战争"。即使有时羡慕她们的孩子成绩优异，因自己什么都不做而焦虑，也要咬牙坚持下去。

给予孩子尊重与自由的妈妈，最终也会得到最大的回报——孩子的真心。而且，孩子会有很强的自尊心、开朗大方的性格以及很强的自发性。这些能力会奠定孩子一生的基础。只顾督促孩子学习的父母，会得到孩子的称赞与尊重吗？并不会，甚至会听到"我的时间去哪儿了""为什么我要按父母的意愿成长""今后，我要过自己想要的生活"之类的反驳。如果孩子以后在社会上拥有很高的地位，这些抱怨就会消失吗？未必会这样。如果孩子在需要通过多种体验唤醒自发性的时期，只能依照妈妈的指令被动地生活，那么剩下的人生极有可能像被逼学习时一样痛苦。

之所以让妈妈为孩子更换学习项目，是为了让妈妈和孩子实现双赢。如果妈妈成为"自发性教练"，当其他孩子被妈妈规划的日程束缚时，自己的孩子因可以自由地做想做的事而胜利；当其他孩子看妈妈的脸色、被妈妈压迫时，自己的孩子因可以在妈妈的爱护与认可下成长而胜利。当其他妈妈对孩子发脾气时，自己能对孩子微笑，这是妈妈的胜利；当其他妈妈在焦虑与担忧中挣扎时，自己却可以心平气和，这是妈妈的胜利。

小贴士　给将孩子的成绩放在第一位的父母

即使孩子被逼着学习，也需要自发性的力量支撑。大部分孩子努力一段时间后便选择放弃，就是因为自发性能量耗尽了。妈妈应该认真观察孩子的自发性水平，了解自发性能量耗尽时的症状。

1.生理症状：头痛、腰痛、肌肉疼痛、皮肤病、慢性疲劳等。

2.心理症状：经常发脾气，突然暴怒。

从精神医学的角度来看，上述两种症状是被压抑的自发性在身体里产生波动的表现。过了这一阶段，自发性便会慢慢枯竭，出现没有活力、没有意识、没有反应的现象，甚至产生抑郁情绪。千万不要忽略孩子的这些症状。

怀疑孩子出现自发性枯竭的状况时，可以采取以下做法。

1.一定要让孩子休息。不能逼迫孩子硬撑着渡过难关。和孩子好好沟通，让他们按照自己的意愿充分休息。"不能在这里停下来……"妈妈的这种焦虑无异于恶魔的低语，只会让孩子"生病"。

　　2.要适当对孩子的个人生活睁一只眼，闭一只眼。孩子无伤大雅的"叛逆"也是自发性的能量来源。不要追根究底地盘问、确认，就算好奇也要忍住，知道也要装作不知道。只有尊重孩子的秘密，才能激发他们的自发性。

安全焦虑：适当保持距离

联系不上孩子时会很焦虑

这是一个不安定的时代。世界充满了"危险"和"不确定"——火灾、大楼倒塌、地面塌陷、人口失踪……人们根本不知道什么时候会在什么地方遭遇危险。每天都有可怕的事情发生，我们无法保证孩子绝对安全。除了事故和意外，孩子们吃的食材、用的玩具和文具中是否含有有害物质也令人担忧。为了守护孩子，父母时刻绷紧神经。

曾经有位妈妈进行心理剧治疗。那位妈妈育有一位读初二的独生子，她总是因为儿子很少回消息而生气。那位妈妈要求儿子按时汇报行程，无论是去补习班还是在回家的路上，都要发信息及时汇报。他如果中途想去便利店吃泡面，也要提前汇报。儿子有时候不发信息，如果没收到儿子的信息，或者打不通儿子的电话，妈妈就会坐立不安，甚至不安到恐惧的程度。

我们通过心理剧再现了这一场面。联系不上孩子的妈妈极度焦虑，每隔5分钟就给儿子打一次电话，还考虑要不要报警。最终，电话打通了，电话这头的妈妈开始大吼。

> 妈妈：你在哪里？为什么不接电话？为什么不联系我？
>
> 儿子：我忘了。在补习班上课时关机了，后来忘记开机。
>
> 妈妈：你想急死妈妈吗？你明明知道联系不上你我会疯掉！
>
> 儿子：（很不耐烦）妈妈太夸张了吧。为什么非要我一直联系你？我很烦！
>
> 妈妈：发条信息有那么费劲吗？为了让妈妈放心，发条信息又能怎样？

这位妈妈无法理解，为什么儿子连发条信息这么简单的事都不愿意做。妈妈认为儿子明知道她会很担心，却不和她联系，真是又可恶又令人生气。通过心理剧疗法，这位妈妈消除了对儿子的焦虑和愤怒。她一边用海绵棒敲打椅子，一边大吼："你知道妈妈有多担心吗？为什么不接电话？为什么不发信息？明知道妈妈担心得快疯了！你是不是故意让妈妈操心？你这个坏孩子！"发泄了一通后，主人公的心情平静了一些。

随后，我让主人公扮演儿子，目的是让她站在儿子的立场上，体会儿子的困扰之处。演完儿子的角色后，主人公说："我现在才知道按时发信息这么烦人。跟朋友们一起玩的时候，确实可能会忘记发信息。现在我能理解儿子的心情了。"接着，她又补充道："那也应该和妈妈保持联系吧？虽然有些烦人，但想到妈妈会担心，当然应该回信息啊。为什么不回妈妈的信息呢？"这位妈妈虽然理解了儿子的心情，却并不觉得自己的行为有问题。

心理剧中有种叫作"角色训练"的方法，即针对可能出现的情况提前进行演练。例如，如果主人公会因为在众人面前发言而焦虑，那就设定一个假想的发言场景，事先体验一下，寻找有效对策。

我们在这位妈妈身上采用了"角色训练"的方法，让她在无法与儿子取得联系时，练习让自己放宽心，从容地等待儿子。但是，即使是假想的场景，主人公还是无法忍受联系不上儿子的状况，也无法理解为什么要忍受这种状况，一直追问："不知道孩子遇到了什么事情，当然要给他打电话，为什么要等？"这位妈妈在心理剧中也无法接受联系不上儿子的情况，导致心理剧进展得不太顺利。最后，这场心理剧以儿子承诺不再不回信息告终，是这位妈妈期待的"完美结局"。

心理剧结束后，是与观众们进行交流的时间。那位妈妈询问观众："总想联系儿子，我的行为真的有问题吗？"她想从观众那里听到自己的行为是否有问题的答案。因此，我让觉得她有问题的观众举手，大概有一半的观众举手，剩下的一半观众则认为一位母亲有这样的行为合情合理。这位妈妈看到支持她与反对她的人数各占一半，认为自己的问题没那么严重，不禁松了一口气。

一位观众表示自己很能理解这位妈妈，并且分享了自己的经历。

"这位主人公和我一样。如果联系不上孩子，我也会坐立不安。我每天会联系孩子20次以上。如果我发短信问孩子在干什么，一分钟内没有收到回复，我就会立即给孩子打电话。要是孩子没接电话，我会心急到每隔一分钟就打一个电话，直到孩子接起电话。孩子终于接起电话时，我会忍不住大吼：'你想急死我吗？为什么不接电话？！'刚才发现主人公的行为和我如出一辙，心里有些无奈。因为我总是联系他，孩子都不想用手机了，说自己快疯了，还说为了锻炼我的耐心，会故意不接电话。我也快疯了。"

妈妈搭建的"安全围栏"会助长孩子的焦虑

为了保护孩子，妈妈会为孩子搭建"安全围栏"。饲养家畜时使用围栏，一是为了保护它们不受外部侵害，二是为了防止它们逃跑。妈妈为孩子搭建"安全围栏"的原因也是如此——为了安全与控制。

现在是利用前沿技术搭建"安全围栏"的时代。妈妈可以用手机实时追踪孩子的位置与行动轨迹，不断询问"你在哪里？""你和谁在一起？""你在做什么？"，只有实时掌控孩子的行踪才能安心。就算只是暂时联系不上孩子，有的妈妈都会极其焦虑，脑海中开始上演孩子遭遇事故或者被绑架的"恐怖电影"。这类妈妈对孩子的安全焦虑已经达到病态水平。

我们经常听到各种事故的消息，导致错误判断的出现。这是一种普遍的错误——认为自己的孩子会遭遇偶然发生的特定事件。听说托儿所的老师体罚学生，就觉得自己的孩子也会被体罚；听说校外培训活动发生事故，就觉得自己的孩子去参加校外培训活动也会遭遇事故。车祸、失踪、虐待、被老师忽视、被同学排挤……总觉得自己的孩子会遭遇这些事情。

妈妈们的焦虑很难消除，我非常理解这种焦虑。但如果这种焦虑对孩子有害呢？实际上，妈妈的过度焦虑会导致以下两个问题。

一是以"安全"的名义阻碍孩子的人生体验。听说露营地发生意外事故，就不让孩子去露营；听说学校组织的参观学习旅行中发生意外事故，就不让孩子参加旅行。也不让孩子和朋友们去旅行，不让孩子去人多的演出现场，不让孩子独自乘坐出租车，不让孩子吃街边卖的炸鸡和汉堡……孩子还能做什么？

二是焦虑、多疑的妈妈形象会刻在孩子的脑海中。孩子要随时和妈妈保持联系，被妈妈的焦虑感束缚，无论做什么，都会想起焦虑的妈妈。和朋友们玩的时候，也会因为听到短信提示音而心惊。回家后，还要向妈妈汇报当天做了什么、吃了什么。孩子的潜意识中藏着一个焦虑的、时刻监督着自己的妈妈。"妈宝"或许就是这样产生的。

但是，孩子会因为受到妈妈的阻挠，就不去做自己想做的事情吗？答案是否定的，他们会瞒着妈妈做。这样一来，难免会发生争吵，更让妈妈无法再信任孩子。最终，妈妈的焦虑演变为对孩子的疑心。

从担心到监视，再到"拘禁"

生活在这个不安定的时代，只有亲眼确认孩子的安全，妈妈才会放心。对于婴儿，会通过婴儿监视器确认安全；将孩子送入托儿所或幼儿园后，就通过教室里的监控确认孩子的安全。总之，一定要亲眼看到才放心。如今，许多孩子身上带着定位器。尽管如此，父母还是不放心，戴在孩子手上担心会弄丢，挂在书包上怕绑匪直接扔掉书包，挂在衣服上又怕绑匪脱掉孩子的衣服再带走孩子……父母的担忧无穷无尽。这样下去，如果出现能够简单地将 GPS 芯片植入孩子皮肤内的技术，妈妈们恐怕会争先恐后地让孩子接受植入。

最初只是为了确认孩子的安全，却演变成控制孩子的监视行为。孩子到达补习班时，家长会收到告知到达时间的短信。据说还有一种手机应用程序，一旦监测到孩子没在写作业，就会自动锁定手机。甚至有在孩子房间里安装监控的妈妈。有人认为那位妈妈很过分，但也有人反问："这种做法有什么不对的地方吗？只是想确认孩子是在读书还是玩游戏，装了监控就能防止孩子做坏事，不是很好吗？"说得似乎很有道理，但那样监视孩子，只会让孩子出问题。孩子被当成潜在的嫌犯，时刻受到严密监视，一双监视的眼睛被刻在孩子的脑海中。被当成一个随时可能"犯罪"的嫌犯，孩子又如何能活得堂堂正正、自由自在且有创造力呢？还有一个可能会出现的问题是，孩子容易变得多疑。被自己最爱的妈妈怀疑，这种怀疑的气味会传递到孩子身上，让孩子也变得多疑，开始胡思乱想，思考妈妈对他们有怎样的想法，或者妈妈会不会在哪里偷偷地监视着他们。时间一久，孩子会变得不敢相信他人，潜意识中产生"那个人是不是也在怀疑我"的想法。严重时还会产生被害妄想症："是不是有人在我的房间里安装了窃听器和摄像头？"

此外，其他人也会按照妈妈的态度对待那个孩子，产生怀疑。恋爱时，恋人会产生怀疑；结婚后，配偶同样会心生怀疑。也就是说，别人会做出和妈妈相似的怀疑举动。也许有人会想："不会那么严重吧。"可以肯定的是，孩子一生都无法摆脱被猜忌、被怀疑的氛围。这是一种潜意识，而潜意识的可怕之处正体现在这一点上。妈妈声称监视孩子是为了孩子好，殊不知，时刻落在孩子身上的目光每天都会释放大量"毒素"，让孩子"生病"，妈妈却不知道心爱的孩子"生病"的原因。

　　通过监控和手机与孩子24小时保持联系，就能消除妈妈的焦虑吗？其实并不会，这种24小时保持联系的模式反而让妈妈更焦虑。只有亲自确认孩子的状态，她们才会安心。如果暂时联系不上孩子，她们会陷入更严重的焦虑。越习惯于联系，越害怕失联。如果一小时后还没联系上孩子，就会担心孩子是不是出了大事。在手机尚未问世的年代，就算家人不在家也不会太担心，觉得他们到点就会回来，事实也的确如此。如今，在这个能够随时联系上对方的时代，暂时失联会让人十分焦虑。也就是说，这种24小时保持联系的模式，反而引发了焦虑症。

　　焦虑的妈妈不仅自己痛苦，她们的焦虑还会让孩子也很痛苦。孩子会习惯妈妈通过手机联系自己，无论在做什么，都会想到"这时候妈妈该打电话来了"，从而感觉十分心烦。心烦就是一种焦虑情绪，焦虑的妈妈、时刻监视自己的妈妈的模样在孩子的脑海中挥之不去。孩子可能本来过得很好，但在某个瞬间，妈妈的模样突然出现在脑海中，让孩子很焦虑。这样做看起来没什么，实际上是一种可怕的"拘禁"。试想，如果你的丈夫以爱的名义像你对待孩子那样监视你，你会有什么样的感受？在外面和朋友见面时，丈夫要求你每隔一小时汇报一次自己的行踪，还会一小时发一次短信追问你在做什么，并且让你玩得开心；就算你在家里，丈夫也会随时给你发信息，甚至要求视频通话。如果一直被丈夫这样监视，久而久之，不管你在哪里，丈夫的身影都会在脑海中挥之不去。和朋友喝咖啡时，也会因为想到"这时候丈夫应该会发短信给我"而焦虑。这种生活很痛苦，对孩子来说也一样。长期处在妈妈的监视下，孩子还能拥有自由的精神世界吗？

适当减少联系，就能消除焦虑

假设一个这样的情景：孩子要和四个朋友一起去滑雪。原本就非常焦虑的妈妈听说不久前滑雪场曾发生游客意外死亡事件，心里更加焦虑。出发前，妈妈叮嘱孩子一定要每隔一小时汇报一次行踪。朋友们的妈妈并不担心，只有这个孩子的妈妈这样做。朋友们都尽情享受滑雪的乐趣，只有这个孩子每隔一小时就会想起妈妈的叮嘱，忙着给妈妈发短信。

每隔一小时就要给妈妈发短信，孩子的心情会如何？能玩得开心吗？如果这个孩子玩得太投入，忘记给妈妈发短信，吓得妈妈不停地发短信、打电话，但由于孩子将手机放进了滑雪服口袋的深处，一直没听见手机铃声。等孩子想起来时，拿出手机一看，发现十个未接来电，急忙给妈妈回电话，却被妈妈骂了一顿。本来不在滑雪场的妈妈仿佛陪在孩子身边，孩子被迫"背"着焦虑的妈妈一同滑雪。孩子回家后，妈妈可能还会问："你玩得开心吗？"

要求孩子每隔一小时汇报一次行踪，就能确保自己的孩子比别的孩子更安全吗？留在家里的妈妈为什么要将焦虑的情绪传递给远在滑雪场的孩子呢？问题的根源是妈妈的过度焦虑。用手机监控孩子的行踪，并不能预防可能会发生的事故，只是能让妈妈安心。

参加学校组织的参观学习旅行时，孩子会焦虑吗？和朋友们去看演出时，孩子会焦虑吗？并不会，他们明明非常开心。那为什么妈妈要将焦虑的情绪传递给孩子呢？妈妈的焦虑对孩子没有任何好处，只会将焦虑转嫁到孩子身上。

如果孩子不在眼前，妈妈不必一直想着孩子的事。如果实在担心孩子，在孩子出门前嘱咐一些注意事项即可。如果偶尔想起孩子，就告诉自己："孩子现在肯定很好。"然后忘掉有关孩子的想法。如果忍不住想一些负面的事，就尽快通过做其他事情分散注意力，例如打扫卫生或者运动。

孩子不在家的时候，即使妈妈很焦虑，也不能频繁地联系孩子。要在孩子回家前进行适度减少联系的训练。要做到减少联系其实很难，因为从孩子出生开始，妈妈就习惯了时刻关注孩子，无法忍受联系不上孩子时的焦虑感。但是，别无他法，妈妈必须为了孩子坚持下去，忍受这种焦虑感。那些不易对孩子产生安全焦虑的妈妈，真的非常幸运。

实际上，最好的方法是不要养成频繁确认孩子安全的习惯。孩子长大后，妈妈要降低主动联系孩子的频率，这对妈妈、对孩子都有好处——孩子会因为自由而开心，妈妈则因为不再焦虑而轻松。刚开始可能会极度焦虑，但一定要熬过过渡期。减少联系，因孩子而产生的焦虑感也会慢慢消除。

小贴士　**练习减少联系**

1.在孩子主动联系你之前，尽量不主动联系孩子。如果不放心，就教导孩子每天要主动联系父母一两次。

2.当你焦虑、怀疑时，请不要幻想孩子会遇上可怕的事。记得摇摇头，告诉自己："胡思乱想是我自己的问题。"

3.只在心态积极的时候联系孩子，例如想见孩子的时候、想听孩子的声音的时候、偶尔想知道孩子在做什么的时候。不要在怀疑、担忧时联系孩子。

4.想联系孩子时先忍住，试着改为联系朋友。

♡ ♡ ♡

反常焦虑：
改变判定"正常"的标准

应该让孩子接受心理评估吗？

我想和大家谈谈心理评估。首先声明，接下来我只会强调心理评估的负面影响。为了避免对心理评估产生误会，在此进行补充说明。

焦虑、抑郁或有严重行为障碍等症状明显的孩子，的确需要接受心理评估与治疗。然而，如果只是觉得孩子在发育、学习、性格方面有些反常，就盲目地让孩子接受心理评估，可能会带来危害。很多妈妈只要认为孩子的行为有些奇怪，就会带孩子去做心理评估，确认孩子是否有问题。让孩子接受心理评估和心理咨询仿佛成了一种潮流。我们必须了解心理评估可能会对孩子造成的负面影响。

下面是一位担心儿子太过内向的妈妈发表在博客上的文章。

　　　　我儿子太内向了，该怎么办？儿子今年读小学一年级，
在学校里不会主动表现自己，好像也没有好朋友。不久前，
班主任说儿子太内向，建议我带他去做心理评估。虽然因为
儿子性格内向，我确实很担心他的校园生活，但是听到老师
说让我带他去做心理评估，感觉受到很大的打击。

　　任何一位妈妈听到老师说出这样的话，都会受打击，然后认
真考虑是否要带孩子去做心理评估。老师也是因为负责任，才会
建议家长带孩子去做检查。家长很难忽视老师的建议，还会担心
如果现在不带孩子去检查，今后真的出现问题该怎么办。

　　要是这位妈妈真的带孩子去做心理评估，会发生什么事呢？
当然会得到"孩子性格内向"的反馈。如果心理评估机构的结论
是"这个年龄段的孩子大多比较内向，不必担心"，倒还好；但
如果结果显示，因为孩子性格内向，进入社会后可能会出现问
题，需要接受持续的心理咨询和治疗，结果会如何？父母恐怕很
难接受这样的结果。只是做一次心理评估，却被告知孩子需要接
受治疗，哪位妈妈能对这样的诊断结果坐视不管？结果，从那时
起，孩子被视为"患者"。妈妈戴上"问题儿童"的有色眼镜，
从此只能看见孩子内向、谨慎的那一面。这样一来，原本正常的
亲子关系也开始恶化。

　　如今，心理评估在韩国已经成为一种流行趋势。学校动不动
就建议家长带孩子去做心理评估。需要注意的是，心理评估是一

把双刃剑，稍有不慎，妈妈和孩子都会受到伤害。心理评估有助于了解受测者目前的心理状态，但它只能单纯地作为参考，并不是绝对的标准。

如果妈妈们没发现孩子有问题，老师却认为孩子是"问题儿童"，难免会让妈妈们惊慌失措。妈妈们可能会想："难道因为这是自己的孩子，所以看不出问题吗？"于是，她们想让孩子接受客观、专业的检查。然而，看似客观、专业的东西，有时只会显得机械、武断。见到孩子后，仅凭两小时的检查，就能评判孩子的情绪、个性和社交能力吗？更何况，孩子从未停下成长的脚步。

那些被冠以专家名号的"客观性、科学性用语"，有时会成为伤人的利刃。让孩子在几张纸上答几道题，仅用两小时评判一个孩子的现在和未来，然后得出结论："这个孩子必须接受治疗，否则学习能力会下降，社交能力也会受到很大的影响，导致无法交到朋友。"这样的断言，如同法官的宣判，让人失去信心。

心理评估结果的影响

心理评估最大的问题，是妈妈看待孩子的眼光会因评估结果发生改变。做心理评估之前，只是觉得孩子谨小慎微、比较内向；做完评估后，却认为孩子的社交能力不足，情绪方面也有问题。以前觉得可爱的行为，现在看来却是"有问题"的行为。看到这些行为后，父母原本欣慰的目光变得充满焦虑与担忧。不仅如此，父母的心态也会变得很复杂："是我没照顾好孩子吗？""是我一直忙于工作，忽略了孩子吗？""孩子明明有问题，是我没看出来吗？"这种自责感、愧疚感令父母十分难受。特别是职场妈妈、离婚或分居的父母、将孩子托付给其他人照顾的父母，更容易出现这种愧疚感。他们被巨大的愧疚感淹没，不断告诉自己："都怪我！"

此后，妈妈便被禁锢在有色眼镜和愧疚感的"牢笼"中。怀着愧疚感的妈妈戴着"我的孩子有问题"的有色眼镜，散发着愧疚感妈妈的气味，让孩子接受治疗。孩子自然也会在潜意识中产生"我是问题儿童"的想法。被妈妈的焦虑与担忧包围，辗转于各家咨询机构的孩子，如何能成长为自信、大方的孩子？在理应得到充分肯定的年纪，接收的却全是负面评价，孩子该怎么办？

比较散漫的孩子接受心理评估的话，虽然不同的心理评估机构之间存在差异，但是被诊断为ADHD（注意缺陷多动障碍，俗称多动症）的概率很高。如果出现这种结果，孩子即使不必吃药，也要接受治疗。在网上搜索ADHD，多半会出现以下说明。

很多妈妈对ADHD抱着轻视的态度，或者认为ADHD能够自愈。其实，ADHD是一种需要治疗的儿童心理疾病。如果错过治疗时机，或者不采取治疗手段，孩子可能会出现注意力不足、学习效率显著下降的负面症状，还会影响孩子的社交能力及情绪控制能力。随着年龄的增长，发展成反社会型人格障碍的概率很大。

看到这样的描述，哪位妈妈会不让孩子接受治疗？如果孩子开口说话的时间比同龄的孩子晚，心理评估给出的结果往往是"语言能力较差，建议接受语言治疗或游戏治疗"，好像不接受治疗就会出大问题一样。一个5岁的男孩因为爱发脾气，被怀疑患有"愤怒调节障碍"，还被医生建议接受进一步检查；一个小学二年级的孩子因为沉迷于读书，被诊断为交际能力有问题，需要进行心理咨询；一个小学一年级的孩子因为学不会加法和减法，被怀疑有"学习障碍"，被建议接受检查……

这样发展下去，我很担心以后会出现这样的诊断："5岁至8岁的儿童在过了托儿所或幼儿园的适应期后，仍无法和同龄人正常交往，并且持续独来独往两个月以上时，就有患'儿童孤独综合征'的嫌疑。如果不及时治疗，可能会影响情绪和认知方面的发展，人际关系方面的问题也会很严重，发展为'隐居型孤独者'的可能性极大。这种情况多发生于双职工家庭或独生子女家庭。"

一旦这种疾病被命名，幼儿园老师可能动不动就会说："这个孩子有'儿童孤独综合征'的倾向，建议家长带孩子去检查一下。"儿童心理咨询机构也将迎来许多患者。这不是可以当作玩笑话来听的事，韩国有许多孩子因为各种原因成为准患者。害羞的孩子、内向的孩子、淘气的孩子，都有潜在的问题。孩子整天读书要担心，总不读书也要担心；孩子没有朋友要担心，总和朋友一起玩也要担心；孩子只看漫画书要担心，只看科普书也要担心；孩子发脾气要担心，不会表达情绪也要担心；孩子性格敏感要担心，个性迟钝也要担心……这些担心让妈妈考虑是否该带孩子去做心理检查，好像孩子没问题反而会令妈妈着急。

心理评估的限度

许多妈妈将孩子的性格问题、学习问题这些自然发育方面的问题视为致命问题，并且让孩子接受治疗。但凡觉得孩子有任何不对劲的地方，就会立刻让孩子接受心理评估。明知道心理评估并非灵丹妙药，但只有听到所谓的科学的、客观的结果才安心。觉得孩子有问题却检查不出来时，反而会不安，随后带着孩子到处做检查，直到孩子被诊断为"有问题"，才能安心。真是相当讽刺。

在带孩子接受治疗的过程中，亲子关系会恶化。妈妈陪在孩子身边精心照料，对孩子过度保护，发挥教导、矫正、治疗孩子的作用。孩子不知道自己有什么问题，只能按妈妈说的去做。孩子的自发性被妈妈扼杀，孩子也会逐渐失去活力。妈妈在潜意识里认定这是"需要我照顾的孩子"，导致孩子失去独立的能力，一生将在依赖妈妈与反抗妈妈之间徘徊。

有一个必须指出的问题——如果心理评估报告认定孩子"有问题"，给出的治疗方法却是"学会和孩子共情、信任孩子、耐心等待孩子成长和爱护孩子"，这种"打一巴掌再给一颗糖"的做法，是个可怕的陷阱。先将孩子视为"不良品"，再说要共情、信任、等待和爱护孩子，这种母爱是什么样的爱呢？是充满懊悔、悲伤和焦虑的爱。给孩子这样的爱，无异于给孩子的精神世界注入"毒药"。

许多妈妈将不确定是否有问题的孩子以及没有问题的孩子全部视为"问题儿童"，口口声声说爱自己的孩子，却在潜意识里给这份爱注入懊悔、悲伤、焦虑、委屈、愤怒的情绪——因"孩子很可怜"而悲伤，因担心"孩子以后该如何生活"而焦虑，因"上天为什么要这样考验我"而委屈，因"为什么将这样的孩子赐予我"而愤怒。

切勿草率地让孩子接受心理评估，尤其要注意学习和性格方面的评估。因为这类问题的诊断结果很模糊，即使确诊，也没有特殊的治疗方法。况且，性格问题属于发育或先天气质范畴，无法用正常或不正常去界定，因此，并不能将之视为需要治疗的问题。而学习能力关乎大脑发育程度、注意力、好奇心、动机、需求、环境等诸多变化因素，很难仅凭任何一项去断定。如果将其视为问题，会衍生出更大的问题。

　　针对心理评估提出这种劝告，纯粹源于我的个人经验。很多妈妈将孩子变成病人，让孩子在痛苦中挣扎。我遇到过带着发育有些迟缓的孩子四处治疗的妈妈；动不动就认为孩子有问题，去咨询机构如同逛商场般频繁的妈妈；照顾明明没有问题却被当成病人的孩子，因此痛苦不堪的妈妈。我并非主张"心理评估无用论"，一看就知道有问题的孩子当然要接受检查和治疗。我只是想强调，无差别的心理评估有很大的弊端。

我的孩子"正常"吗？能达到平均水平吗？

　　心理剧中有一个叫作"正常病"的概念。也就是说，以这种概念为前提，"正常"被视为一种病态。"正常"的判定标准是他人的看法，自认为正常也没用。这是一种由多数人决定的逻辑，因此，卓越的创造性和自发性往往被视为"不正常"。难道只有服从由大多数人制定的社会规则才算"正常"吗？活在既定的社会框架中，为遵守规则、承担责任而挣扎，被迫在既定的路线上奔跑，才算正常吗？人类原始的生命力被禁锢在"正常"的框架中，使得许多人过着机器人般千篇一律的生活。因此，"正常病"也被称为"机器人病"。

　　还有一种和"正常病"类似的疾病，叫作"平均病"，症状为"孩子达到平均水平才安心"。如果孩子无法达到中等、平均水平，就会担心孩子被淘汰。很多父母患有"平均病"，"其他孩子早就会读韩语字母了，我的孩子怎么不会？""其他孩子早就学会加法和减法了，我的孩子怎么不会？""其他孩子都和同龄人相处融洽，我的孩子怎么不行？"……如果孩子达不到同龄人的平均水平，就会十分焦虑，带孩子去做心理评估。最终，这种"未达标准"变成需要矫正的"不正常"。

从那时起，父母为了将"不正常"的孩子变得"正常"，围着孩子团团转，甚至还要每天评估孩子有没有离"平均""正常"更近一步。如果觉得还未达到，即使内心十分焦虑，还是会像某些书中写的那样，用"没关系，你可以做到！妈妈相信你！"这类肯定的话语鼓励孩子。但父母只是嘴上这么说，心里真的相信孩子吗？真的觉得没关系吗？当然不是。父母的心声其实是："怎么还是这副模样？以后该如何生活呢？"如果父母心口不一，孩子听到的往往不是说出来的话，而是父母的心声。

如果孩子感受到妈妈充满焦虑和懊悔的眼神，也会莫名变得焦虑。有一个需要了解的重要事实——妈妈在孩子身上看到的问题，对孩子来说并不是问题。喜欢独自玩耍的孩子会觉得自己有问题吗？并不会，他们只是对同龄人不感兴趣，一个人就能玩得很开心。这一点出于孩子的自发性。当孩子有了和同龄人交朋友的意愿，很快就能融入。即使是容易害羞、犹豫不决的孩子，也能慢慢适应，和其他孩子玩得很好。孩子根本不会觉得自己有问题。请牢记：不管是缩在角落里还是独自玩耍，都是孩子自发性的表现。

有些妈妈会将孩子的自发性视为问题。可是独自玩耍有什么问题呢？达不到平均水平就是不正常吗？能和同龄人相处融洽固然很好，但不这么做就是不正常吗？

出生在这个世界上的孩子都是"正常"的。即使是有先天缺陷的孩子，如果不和其他孩子进行比较，其存在本身也是"正常"的。因为他们也有属于自己的世界，有属于自己的快乐和幸福。

在角落里安静地独自玩耍的孩子，在妈妈眼里可能是令人心疼的孤独的孩子。实际上，他们可能正在以自己的方式理解世界、接触世界。不会念字母的孩子、较晚学会说话的孩子、淘气的孩子、独自玩耍的孩子……只是个性不同，呈现出不同的生命色彩。不要将孩子的多彩人生硬塞进"平均"的框架中。到底是谁觉得焦虑？是孩子还是妈妈？孩子会感到焦虑吗？孩子会因为自己较晚学会说话而感到焦虑吗？会因为自己很内向而感到焦虑吗？孩子没有这些担忧。为什么要担心这些毫无忧虑的孩子呢？

不要将"上天的祝福"变成"诅咒"，不要将天使般的孩子视为"恶魔"。孩子拥有独特的精神宇宙，身为妈妈，必须理解这一点。

小贴士　**进行心理评估的注意事项**

　　尽量不让孩子接受学习能力和性格方面的心理评估。因为评估结果必然很模糊，而且评估报告上显示的问题一般没有解决方法。如果真的很担心，可以向一些比较明智的朋友咨询，之后再决定。

　　最后，千万不要相信下列专家言论：

　　1.断定性言论："孩子的大脑有问题""绝对是这种病"。

　　2.威胁性言论："问题恶化的概率很高""现在不治疗就没救了"。

　　3.引发愧疚感的言论："你应该早点儿带孩子来检查。是不是忙于工作，所以没有和孩子沟通过，也没有形成良好的依恋关系"。

　　4.只强调负面情况、助长焦虑的言论："和其他孩子相比差远了""接受治疗也没有好转，看来孩子的问题很严重"。

　　请直接无视这样的专家言论。如果真要治疗，一定要找不会发表以上言论的专家。

第六章

妈妈的心理创伤

妈妈的心理创伤理论源于"内在小孩"理论。
也就是说，妈妈的心里有一个受伤的孩子。
很多妈妈赞同这一理论，
但这个理论实际上只有一部分是正确的。

有心理创伤的妈妈是"问题妈妈"吗？

妈妈的心理创伤

身体上的伤口会随着时间的流逝慢慢愈合，不再流血、流脓，然后结痂，长出新肉。但如果内心受到伤害，即使过去很久，心里的伤口也很难愈合。藏在内心深处的伤疤，会在人生的某个瞬间，被某个人或某件事重新揭开。尤其是成为妈妈后，潜藏的伤疤极易被揭开。

下面是一位妈妈写的文章。

怎样才能不对孩子大吼大叫、不打孩子呢？因为我从小到大一直挨妈妈的打，决心以后一定不打孩子。但我发现，我妈以前怎么对待我，我现在就怎么对待我的孩子，这让我很痛苦。其实，我曾经想过，以后不结婚，就算结婚也不生孩子。我自己还是一个不成熟的孩子……

我觉得我应该接受心理咨询，要不要去看精神科呢？

　　有这种想法的妈妈很多。担心自己的性格会毁掉孩子；苦恼是否该为了解决自己的问题接受心理咨询；分不清是因为不懂如何当妈妈，还是自己的性格有问题……很多妈妈都觉得自己是"问题妈妈"。

　　为了更好地教养子女，妈妈们会阅读心理学书籍。尤其是觉得自己心理有问题的妈妈，更加关注心理学。在有关教养子女的心理学书籍中，多半会对妈妈的心理创伤提出这样的主张："儿时受过伤害的自己，会一直藏在内心深处，影响现在的生活。童年创伤可能会导致教养方式产生问题。不照顾好心里那个'受伤的孩子'，就无法成为好妈妈。"

　　这就是所谓的"妈妈的心理创伤"理论。理论主张，如果妈妈无法治愈儿时的创伤，会对教养方式产生负面影响。这个理论还将妈妈打孩子、发脾气都归咎于儿时的创伤。这个理论是教养子女的三大"神话"之一。这三大"神话"分别是"0~3岁成长关键期""依恋关系""妈妈的心理创伤"。这些"神话"不仅对教养子女没有帮助，还会让妈妈感到焦虑，陷入不必要的愧疚感中。

"妈妈的心理创伤"理论的漏洞

很多理论试图解释人类复杂的精神世界。在这些理论中，有一个大部分心理学家认可的核心原理——"内在小孩"理论。该理论认为，每个人心中都住着一个小孩子，即使外表是大人，但心理上还是小孩子，因此也被称为"大孩子"或"内在小孩"。内在小孩是有关潜意识的理论，将复杂的精神分析理论中最核心的部分以通俗易懂的形式大众化。在一些对心理学感兴趣的妈妈中间，这类精神分析用语也开始流行起来。

"妈妈的心理创伤"理论源于"内在小孩"理论。也就是说，妈妈的心里有一个受伤的孩子。很多妈妈赞同这一理论，但这个理论实际上只有一部分是正确的。"妈妈的心里藏着儿时的创伤"这一说法是正确的，但"不治愈儿时创伤，就不能成为好妈妈"的说法是错误的。

"妈妈的心理创伤"理论存在严重的漏洞。首先，它将妈妈对孩子的爱变为糟糕的爱。如果妈妈用"因儿时创伤对孩子发脾气、动手的女人，没有资格当妈妈""孩子被迫承受妈妈的心理创伤，真可怜"等概念教养孩子，意味着妈妈在潜意识中将自己视为不合格的妈妈。一旦认定自己内心伤痕累累、性格怪异、没有资格当妈妈，自然会在潜意识中成为没有自信的妈妈、内疚的妈妈、有负罪感的妈妈。这种妈妈会给孩子怎样的母爱呢？自然是没有自信的母爱、不完整的母爱、病态的母爱。

　　妈妈的爱是孩子的生命源泉。自认为不合格的妈妈给予孩子的爱，如同含有重金属物质的水，看起来很纯粹，实际上包含焦虑、担忧、愧疚感等情绪。孩子被这样的爱包围，能健康成长吗？能成为落落大方、充满活力的孩子吗？越将妈妈的心理创伤视为问题，越对孩子有害。

　　第二点是心理创伤很难被治愈。应该去哪里治疗、去哪里学习呢？读几本书并不能解决问题，去精神科接受几次咨询也不会改变一个人的性格、治愈一个人的心理创伤。即使接受3年以上的专业心理咨询治疗，也很难改变性格。

　　伤痕深深地烙印在内心深处。有时，心理咨询或疗愈研讨会可能会让妈妈们恍然大悟："我现在才知道，我的伤口痊愈了。我要改变自己！"这种疗效只能维持一个月左右，之后便会消失。为了治愈创伤而努力，结果却白费功夫，更让妈妈内疚。

　　第三点是爸爸的心理创伤。如果妈妈在创伤被治愈后改变了自己，那么爸爸的心理创伤呢？孩子不是由妈妈一个人养大的，爸爸同样对孩子的成长有巨大的影响。即使妈妈将孩子教养得再好，也可能会因为孩子的爸爸功亏一篑。爸爸也有儿时的创伤，也需要接受治疗……那为什么男性对心理学漠不关心呢？试着跟孩子的爸爸谈论内在小孩或者儿时创伤的话题，并且建议他去做心理咨询，会得到怎样的反馈？下面是一位妈妈诉说的令人难过的故事。

　　　　我丈夫无法忍受孩子的哭声，孩子一哭他就会发脾气，
　　有时还会动手。我觉得问题在于他儿时的创伤，建议他接受
　　心理咨询，他却生气地说自己没有创伤，还说我太娇惯孩
　　子。我该怎么办呢？

　　这位爸爸的心理创伤应该如何治疗？根本无计可施。如果
妈妈在教养孩子时始终抱着"丈夫的心理创伤对孩子造成了负
面影响"这个想法，会有什么样的后果？孩子会在潜意识中产
生"爸爸是会伤害我的人"这个负面印象，父子关系也会变差。
比起对孩子乱发脾气的爸爸，认为孩子的爸爸会对孩子的成长
造成负面影响的妈妈更有问题。如果只认为丈夫的脾气有问题
倒还好，要是笃信"丈夫的心理创伤会转移到孩子身上"，只会
自找麻烦。面对随意发脾气的父亲，孩子可以反抗、无视，也
可以靠磨合化解矛盾，缓和父子关系，但"爸爸会伤害自己"
的潜意识无法消除。谁也不知道妈妈的这种潜意识会对父子关
系产生怎样的影响。

　　治疗自己的心理创伤已经是一件很难的事，更别提要治疗丈
夫的心理创伤。这样下去，什么时候才能完全治愈创伤、教养孩
子呢？但这并不意味着让妈妈们什么都不做，只要清楚自己的问
题，有省察、成长的决心就可以。不管去哪里接受心理咨询，都
不应是为了消除"如果无法治愈我的创伤，会不会毁掉孩子"的
焦虑做出的努力，而是为了自我成长做出的积极努力。面对心理

创伤的正确态度不是自我贬低，而是要让自己得到成长。抓着难以解决的心理创伤不放，以"不良妈妈"的形象教养孩子，只会成为真正的"不良妈妈"。

不存在没有心理创伤的人

所有妈妈都有创伤，或许应该说人人都有创伤，人类、人生本就如此。世界上没有绝对清澈的荷塘，荷塘底部都有很多表面看不见的淤泥。当荷塘被搅动时，底部的淤泥就会浮上来，让荷塘变得十分浑浊。但是，一段时间后，淤泥会再次沉入底部。人心与荷塘极其相似。妈妈的内心深处有黑暗的、带着伤痛的想法。当孩子猛然跳进妈妈的"心池"中，底部的"沉淀物"就会上浮，让妈妈手足无措、坐立不安。但是，时间一长，"沉淀物"就会沉到底部，妈妈的心也会恢复平静。

真正"生病"的妈妈，是那些看起来很焦虑、抑郁、判断力下降的妈妈，有些甚至到了无法正常教养孩子的地步。这种妈妈才是需要接受治疗的对象，那些偶尔对孩子大吼大叫、发脾气、看孩子不顺眼的"创伤妈妈"并不需要接受治疗。通常，妈妈们都是在讨厌、喜欢、努力、后悔的情绪中徘徊。

什么样的妈妈会因"妈妈的创伤"而苦恼呢？害怕孤独的妈妈，爱嫉妒的妈妈，还是喜欢独处的妈妈？这些妈妈并不会将问题归咎于儿时的创伤，只会觉得自己的性格有问题。将心理创伤视为问题的妈妈，往往是那些无法控制情绪的妈妈，她们总是有很多烦恼。一味要求妈妈们无视自己的创伤似乎有些不负责任，所以，我想提供一些简单的小技巧，希望能帮助那些无法控制情绪的妈妈。

无法控制情绪的妈妈的潜意识

有一次，我去听一位老师的"即问即答"演讲，那位老师会当场回答听众提的问题。一位育有4岁儿子的妈妈说，她总是忍不住对孩子发脾气，十分苦恼，即使下定决心不发脾气，还是会在某个瞬间发怒，甚至动手打孩子。她说她的妈妈以前也总是发火，还狠狠地打她，她觉得自己的举动似乎源于童年的创伤，询问僧人她该怎么做。

老师说，有两种方法，一种很简单，另一种很难，问她选择哪一种。那位妈妈说想知道简单的方法。老师说："买一根电击棒，抑制不住怒火时就电一下自己。"听众们哄堂大笑。老师半开玩笑、半认真地说，在想发脾气的瞬间电自己，身体就会因为害怕被电，在想发脾气的瞬间瑟缩起来，最终达到控制情绪的效果。老师还用开玩笑的口吻说："还有一点要注意，千万别把自己电晕。"控制情绪究竟有多难，以至让老师用电击来进行说明？

　　从前，妈妈打骂孩子是十分正常的事情。她们会说："孩子不听话，就得骂、就得打！"但现在不一样，打孩子会被视为虐待儿童。在这种社会环境下，面对孩子时无法控制情绪的妈妈自然会觉得自己有问题。

　　那些无法控制情绪的妈妈，经历大体相似，大多曾被无视、虐待、欺负。为什么儿时的创伤现在会通过发脾气的方式表现出来呢？分析其心理，可以归结为这两种原因：首先，用暴力手段对待自己的"我的妈妈"的形象，深深地烙印在潜意识中；其次，被父母训斥的"愤怒的孩子"，藏在内心深处。也就是说，"发脾气的我的妈妈"和"愤怒的儿时的自己"藏在潜意识中。两者的出现导致情绪爆发。有种理论能够很好地解释这种心理状态，即精神分析领域的"对攻击者的认同"理论。

对攻击者的认同

　　有这样一种说法：被婆婆刁难过的儿媳妇会成为狠毒的婆婆，校园暴力的受害者会变成加害者。实际上，被婆婆刁难的儿媳妇，一般不会决心成为更狠毒的婆婆。但不知为何，自己成为婆婆后却苛待儿媳妇，行为举止都非常像曾经为难过自己的婆婆。她虽然在意识层面告诉自己，不能和那些为难过自己的人一样，在潜意识层面却会做出相似的行为。这就是"认同攻击者"的现象。

决心"一定不要活成妈妈的样子",不知不觉中却做出和自己的妈妈相似的行为。为什么会出现这种情况？第一个原因是发泄遭受委屈的愤怒，在面临与自己过去遭受委屈相似的情况时，会不由自主地将自己的愤怒发泄在更弱小的人身上；第二个原因是希望自己也能拥有"加害者"的力量，被欺负时，会在痛苦和恐惧中产生"如果我像欺负我的人一样强大，就不会被欺负"的想法，这种想变强的欲望会让受害者在潜意识中储存加害者的力量，在自己拥有权力时使用这种力量。

"对攻击者的认同"中也藏有投射心理。受害者讨厌自己弱小的样子，会在潜意识中否定弱小的自己："为什么我要遭受这些？我讨厌这样的自己！"潜意识中也会产生想要毁掉自己的欲望。如果遇到和自己相似的弱者，就会将弱小的自己投射到那个弱者身上，并且进行攻击。

妈妈的妈妈

每个人心里都刻着妈妈的模样（当然也有爸爸的模样）。当你教养孩子时，心中的"我的妈妈"就会出现。这种现象源于潜意识，我们无法感知，也无法控制。也就是说，我们其实是和心里的"我的妈妈"共同教养子女。因此，有必要好好了解自己的妈妈。

"我有一个很好的妈妈，我在她的照顾下，成长得很好。"如果是这种情况，只要像自己的妈妈一样教养孩子就可以，没必要考虑太多。既然心里刻着自己的妈妈的模样，只要和自己那位很好的妈妈一同教养孩子就行。即使做得不好，至少也可以达到自己妈妈的程度。这是一种幸运的情况。这类人不必知道"内在小孩""妈妈的心理创伤""内心的不幸"等概念，知道了也是自找麻烦。

"我妈让我过得很痛苦，我一定不会像她那样教养孩子。"有这种想法的妈妈是我们要帮助的对象。明明不想像自己的妈妈那样，却在不知不觉中延续了妈妈的教养方式，所以很痛苦。为了解决这些妈妈的烦恼，简单地进行一下自我分析。

人类的心理极其复杂，无法一一进行解读。因此，基于前面提过的理论，我用简单的模式概括无法控制情绪的妈妈的心理。只要记住这个模式，将其作为省察的线索，就能从细微处改变自己。

因为儿时的创伤无法控制情绪的妈妈，其心理分析模式如下。

> 1. 在孩子身上看到自己儿时不称心的样子。
> 2. 照搬自己妈妈的行为。

如果小时候因为说话吞吞吐吐而被妈妈责备，就无法忍受自己的孩子说话吞吞吐吐；如果小时候因为不讲卫生而被妈妈责备，就无法忍受自己的孩子不讲卫生。

　　一个孩子吃零食时，饮料洒在了衣服上，饼干屑也掉得满地都是。妈妈看到后大发雷霆："我说过不要弄得满地都是！脏死了！"妈妈一边说，一边打孩子的屁股。

　　孩子哭着认错："妈妈，我不会再这样了！"

　　看着这样的孩子，妈妈更生气了："不会再这样？每次都是嘴上说说罢了！"

　　于是，妈妈狠狠地打了孩子一耳光，孩子摔倒在地上。

　　对孩子发脾气时，训斥几句就算了，竟然还要打耳光。这不是发脾气，而是暴力。这种行为就是情绪失控。孩子吃东西时把碎渣掉在地上很正常，妈妈却无法忍受。情绪爆发后，她又会后悔："天啊，我真是疯了！孩子又没犯什么大错！"这位妈妈小时候也曾因为将食物掉在地上而被妈妈责备，她的情绪失控心理分析如下所示。

　　　1. 在潜意识中将自己的孩子视为"儿时的自己"，是一种投射行为。

　　　2. 看着"儿时的自己"，成为"自己的妈妈"，是"认同攻击者"的行为。

　　这位妈妈重复着小时候她妈妈对她做过的行为，给予她的孩子同等对待。她的孩子成了"儿时的自己"，她则成了"自己的妈妈"！

　　这种心理分析模式正是如此。用小时候妈妈看待自己的眼光看待自己的孩子，并且照搬妈妈当时对待自己的行为，用来对待自己的孩子。妈妈真正的自我已经消失，只剩下"自己的妈妈"；真正的孩子也不见了，只剩下"儿时的自己"。

　　如果妈妈无法忍受孩子的某种行为，看到孩子的那种行为就无法控制情绪，有必要审视一下和自己的妈妈的关系，想想自己是否用从前妈妈看待自己的眼神来看待孩子。如果答案是肯定的，说明妈妈已经在潜意识中将孩子看作"儿时的自己"，自己则成了"自己的妈妈"。

　　如果发现自己正陷在这种模式中，该怎么办？答案很简单——不要再做出和自己的妈妈相似的行为。即使明白其道理，要做到这一点也不容易。

　　重要的是，我们必须了解这种模式。只要了解自己的行为模式，就会有所改变。发完脾气后，只要能醒悟"我又成了我妈妈，孩子又成了小时候的我"，就会有不同的结果。随着醒悟次数的增多，就会发现"变成"自己的妈妈的现象越来越少。大部分妈妈在生活中抑制着怒火，偶尔忍无可忍地大发雷霆时还会自责，担心会给孩子带来负面影响。其实，妈妈没必要自责，偶尔发脾气是很正常的事，不必担心。

　　还有一个方法——"退一步"。当你因孩子的某种行为而生气时，要进行"停止"训练。不是对孩子大吼大叫、让孩子停止，而是让自己停止，并且后退一步。这是一种在情绪即将爆发时反省自己并停止行动的训练，可以阻止你成为"自己的妈妈"，不再陷入愤怒的情绪。

了解这种模式并保持距离。刚开始，10次尝试中可能只会成功一次，如果坚持练习，10次尝试中就能成功9次。能够这样训练自己的妈妈，就是很好的妈妈。

小贴士　1 度法则：开始"妈妈革命"

性格、习惯、心态、想法等，都不容易改变，所以我们需要借助"1度法则"。首先要察觉："原来我是这样的，我又这样做了。"然后阻止自己，改变做法。做不到也没关系，刚开始做不到很正常。只要察觉自己的行为，尝试改变自己，哪怕10次中只能成功一次，就很幸运。哪怕360次尝试中只成功了一次，也没关系。这就是1度法则，只要察觉自己不妥的行为，并且努力改变，就等于成功。

孩子比妈妈更强大

"内在小孩"是人的固有特点

每个人的心里都有内在小孩。即使是在优秀父母的教养下健康成长的孩子，内心也会有黑暗面，藏着伤心、孤独、愤怒、无力、焦虑的内在小孩。受伤的内在小孩身上，凝聚着委屈、愤怒、孤独、悲伤等情绪。这些情绪被称为"核心情绪"。核心情绪十分强烈，很难化解。心里住着委屈的内在小孩的人，遇到一些小事就会感到委屈；心里住着孤独的内在小孩的人，时常会感到孤单；心里住着愤怒的内在小孩的人，一些琐事也能让他们情绪爆发。就算在读过相关的心理学书籍后幡然醒悟，或者接受一两次心理咨询，这些情绪也不会消失，更无法彻底解决。

我担任精神科医生已有30年。精神科医生不仅要解决别人的问题，也要面对自己的问题。为了解决自己的心理问题，我学习了30年，现在还在学习。刚觉得有了些认知，就会浮现其他情绪；以为已经好了，又会产生其他问题。像剥洋葱一样，问题一层接一层。

　　分享一个关于我的故事。刚开始学习心理剧时，我曾扮演过主人公。当时，担任导演的是我的导师。可能是因为我有压抑情绪的倾向，心理剧进行得不是很顺利。为了引出我的核心情绪，导演使用了"玻璃球"技法，试图让我找回儿时的回忆。"玻璃球"技法是想象自己手里握着玻璃球，每向前走一步，自己就长大一岁，在这个过程中与每个阶段的自己相遇。

　　一开始是刚出生时，我在玻璃球中什么都没看到。我向前走了一步，来到自己2岁的时候，依旧什么都没看到。3岁时期，还是什么都看不到。4岁时期，导演问我看到了什么，我看到一个低着头缩在角落里的孩子。于是，我回答："一个瑟缩的孩子。"

　　导演问我："那个孩子的情绪如何？"

　　"没有任何情绪。"

　　我又往前走了一步，来到5岁的时候。

　　导演又问我："你看到了什么？"

　　我在玻璃球里看见一个微笑的孩子。"一个孩子的笑脸。"

　　"孩子的情绪如何？"

　　"虽然在笑，但感觉有些伤心。"

　　接下来是七八岁的时候，玻璃球里出现的一直是孩子的笑脸。

　　导演平静地对我说："找找爸爸妈妈吧。"

　　我努力回想爸爸妈妈，但不管怎么看，都无法在玻璃球中看到他们。"没看到爸爸妈妈。"

"9岁和10岁的时候，看到了什么？"

"一个独自微笑的孩子。"

导演沉重地说："找找爸爸妈妈。"

我盯着玻璃球仔细看，仍然找不到爸爸妈妈。我只好回答："找不到。"

这时，导演突然说了一句："难道你是一个人长大的吗？"

我深受打击，感觉很茫然……随后潸然泪下。我像个孩子一样哭了近半小时，不知道自己为什么那么伤心。那时我已经40岁了，还以为身为精神科医生的自己已经基本解决了自己的心理问题。然而，心理剧勾起了我深藏在心中的情绪。

我心里的内在小孩是什么样的呢？是孤独的孩子，还是被抛弃的孩子？我一直觉得父母给了我很多爱，从未觉得我是孤独的、被抛弃的孩子。心理剧中的我明明在微笑，却是一个没有父母陪伴的孤独的孩子。为什么会这样？

是因为我在家中排行老二，妈妈没有好好对待我吗？还是因为我没有得到足够的母爱？不可能。在我的记忆里，妈妈十分温柔，总让我感到温暖。我没有被妈妈责备过，也从未被差别对待。而且，妈妈是家庭主妇，一直陪伴在我们身边。我确信自己得到了足够的母爱。然而，我的潜意识中的妈妈与现实的妈妈不同，居然是"缺席"状态。

这就是潜意识的特点。孩子会在潜意识中将现实里的妈妈变成一个全新的妈妈。具体原因我们无从得知，也难以追根究底。我的潜意识中的那个孤独的孩子是从哪里来的呢？是因为曾在我小时候的某个关键时刻缺席的妈妈留在我心中吗？还是我生来就是一个孤独的孩子？不知道为什么，在我的潜意识中，儿时的我总是独自一人，是习惯独处的孩子。

其实，我不太会和其他人深入交流，与他人交往时总是保持一定的距离。虽然身边有很多朋友，但真正亲近的朋友并不多。看起来和他人相处得很好，心里却一直觉得自己是孤身一人，并且独处时最自在。难道我的这种模式缘于心中那个孤独的内在小孩吗？还是因为习惯独处，才觉得和他人交流很不自在？

以前教养孩子时，我曾有过这样的想法：虽然从表面上看我是个慈爱的父亲，心里会不会对孩子没什么感情？和孩子们玩得很开心的样子，会不会像演出来的？甚至担心这种"虚假"的父爱会给孩子带来负面影响。大概因为自己是精神科医生，所以容易有这些苦恼。

之所以分享我的故事，是想告诉大家，内在小孩不是只有愤怒的样貌。每个人都有自己独特的内在小孩，会呈现出孤独的、被抛弃的、悲伤的、委屈的、焦虑的样貌，形式各异。

不是只有情绪失控这种外露的情绪才会影响孩子，没有表现出来的情绪往往影响更大。不发脾气，情绪稳定，内心却有一个孤独的内在小孩的妈妈，对孩子的影响可能更大。因为妈妈可能会将孤独感传递给孩子，让孩子被忧郁的情绪笼罩。

妈妈深藏在内心的情绪是妈妈独有的色彩，是属于妈妈的固有特征，不应将这种人生色彩视为问题。这种色彩伴随妈妈生活到现在，拥有人生色彩才有完整的人生。

妈妈有自己的人生色彩，孩子同样有专属的人生色彩。两种色彩互相渗透，却无法完全改变对方的颜色。身为妈妈，只要了解这一点，并且持续改变自己就可以。如果颜色太深，那就让它浅一些；如果颜色太浅，那就让它深一些。这才是成长的心态。传递给孩子的不应是妈妈的创伤，而是这种成长的心态。

妈妈好，孩子才会好

妈妈必须从整体的角度审视自己——"我"这个人，是集优点和缺点于一身的存在。不能忽视自己的诸多优点，也不能仅凭偶尔无法控制情绪这个问题，就给自己贴上"问题妈妈"的标签。妈妈一时的情绪失控，并不会毁掉孩子的人生。

多年来，我大约见过一千名心理剧主人公。他们的人生就像一部部小说，不少人曾在童年时期遭受虐待。"我为什么会生出你这样的孩子？""你为什么不是儿子？""你闹得全家上下不得安宁。"……许多人听着这类话长大，但他们并不是需要住院治疗的精神疾病患者，而是教师、护士、社会工作者等在各自的领域十分出色、过着稳定生活的人。

　　每个人都带着自己的伤痛过活，这就是人生。妈妈的创伤不是疾病，是在生活中挣扎过的证据，是坚持走过漫长岁月的痕迹，是一起生活的伙伴，也是今后一同成长的自身的一部分。

　　下面是某位妈妈发表在论坛中的文章。

　　　　我是一个可怕的妈妈，总是用非常果断、严厉、恐吓的语气对女儿说话。可能是因为被我母亲影响，她就是这么对我的。刚开始，我会因为自己的这副模样感到内疚、痛苦。尽管下过"一定不会像母亲那样做"的决心，却不容易改变。现在，我不再只是自责，我会尽最大的努力改变，如果没做好，我会提醒自己做错了。

　　　　我无法彻底抹去可怕的妈妈的样貌。因为从小耳濡目染，早已习惯了这副样貌。否定我的样子，就是否定我走过的人生。否定走过的人生，我又怎能以自己的身份继续生活？我试着去理解当初只能这样做的母亲的人生，理解延续她的做法的我的人生，并且鼓励尝试改变的自己。虽然我当时不喜欢母亲的做法，但现在我还是很爱她，而且我们都过得很好。

　　　　这样看来，作为母亲的我似乎有很大的问题。但从某种角度来看，或许根本不是问题。面对如此强势的母亲，我还是努力学会了反抗，始终按照自己的意愿去做，顺利度过了叛逆期……

虽然我很严厉，但也能促使孩子产生想要"战胜"我的想法。我的女儿会成为拥有"战胜"我的力量的孩子。

我现在过得很好，努力自省对女儿的严厉，也在尽力做出改变。能够坦诚心声，对母亲、女儿怀着感激之情，同时认可自己的可贵之处，就足够了。

这位妈妈虽然有儿时的心理创伤，但她努力在生活中克服这些伤痛，顺利组建家庭、生儿育女，活得有滋有味。这是一种健康的状态。我就是我，爱过、恨过、心痛过、悲伤过、幸福过。我的孩子也这样生活就可以了。这位妈妈的女儿一定会成为自信、勇敢的女性。因为妈妈身上的"我没事！我很好！"的气味，会传到孩子身上，孩子也会告诉自己："我没事！我很好！"

为了孩子，每位妈妈都要告诉自己："我没事！我很好！"只有妈妈好，孩子才会好。

拯救孩子的"革命"

前不久，有一部讲述上流阶层的父母为了将孩子送入名校而无所不用其极的电视剧成为热议话题。这部电视剧虽然很受追捧，我却因为心疼剧中的孩子们，没能好好看完。看着那些认真扮演父母替身的孩子被一步步逼出心理疾病，我的内心十分沉重。剧中的父母始终无法放弃自己的欲望，虽然最终进行了许多反思，但现实生活中依然有很多这样的父母。

只要放弃欲望、停止焦虑、凝视孩子的真实样貌，一切都会好起来。但改变妈妈的心态很难。即使很难，也不能一再拖延，一定要试着改变自己。为了拯救孩子，为了拯救自己，妈妈必须进行"革命"。

"妈妈革命"不需要武器，不必豁出性命，只需要改变自己的心态，但实践这一点可能比真正的革命更艰难。"妈妈革命"即使失败了，也是另一种意义上的成功。这是一场摘掉有色眼镜、改变气味的革命，是一场减轻焦虑、减少欲望的革命，也是一场消除愧疚感、成为优秀母亲的胜利革命！这场革命会拯救自己，也会拯救孩子。妈妈们必须尽早思考，为了孩子，我们究竟该做些什么？

在写这本书的时候，我经常想起我的母亲。从小到大，母亲从来不会指使我做这做那，总是让我做我想做的事，远远地守护着我。只有在我感到疲倦、痛苦时，她才会陪伴在我身边，给我充分的自由。多亏了母亲，我才能成为一个自由的人。

记得在我读小学的时候，某天妈妈望着窗外的雨，发出感叹："真好啊！"那时，妈妈大概35岁。当时，我想："为什么说下雨真好呢？地面都湿了，不能出去玩……"为什么喜欢下雨？我百思不得其解。年幼的我当然无法理解妈妈的感受。

现在，我的父母住在首尔的牛耳洞。父母家位于北汉山山脚与村庄的连接处，周围总是被北汉山的云雾笼罩着。已经80岁的母亲依然很健康。

前不久，我去首尔参加研讨会，久违地在父母家住了一晚。家里还是那么温馨。早上，我和母亲一起喝咖啡。那是一个下着春雨、云雾缭绕的清新的早晨。我和母亲一起看着窗外的雨，我说："妈，下雨了。真好。"

母亲笑着说："是啊，真好……"

母亲，"真好"这句话，在您还是30多岁的年轻女性时，我就听您说过。那时，我只知道您是我的母亲，完全不了解您作为一名女性的人生是怎样的。如今，请让我将您视为一名普通女性，了解您的人生。您过得怎么样呢？

　　您在25岁时生下我，在您的人生中，我是怎样的存在？我带给您怎样的快乐与幸福？带给您多少担忧和痛苦？因为有您，我才得以存在；因为有您的爱，我才得以生活至今。

　　作为一名母亲，从自己的孩子那里听到的最高赞美，大概是这句话——

　　"妈妈，谢谢您信任我、疼爱我。"

"你现在就是一个很棒的妈妈！"